Lebendiges Russisch 1

Arbeitsbuch und Grammatik

von Kai Schmedje

Max Hueber Verlag

LEBENDIGES RUSSISCH 1
Ein moderner Sprachkurs für Schule, Beruf und Weiterbildung
Arbeitsbuch und Grammatik von Kai Schmedje

Sprachliche Durchsicht und Beratung: Swetlana Nikolajewa
Zeichnungen: Herbert Horn
Verlagsredaktion: Roland Irmer
Umschlagentwurf und Layout: Karl Schaumann

Quellennachweis

Fotos S. 1: Bilderdienst Süddeutscher Verlag
Alle anderen Fotos: Manfred Glück
Textquellen: Die Texte «Снежная баба» (L. 17), «Мороз помог» (L. 18), «Каникулы» (L. 19), «Тундра» (L. 19), «Диктант» (L. 20) entstanden nach В. И. Яковлева, «Сборник текстов для изложений в начальных классах, Пособие для учителя», изд. «Просвещение», Москва, 1972 г. Im einzelnen (in der oben genannten Reihenfolge): «Снежная кукла» по Л. Толстому стр. 24, «Мороз выручил» по М. Садовскому стр. 89/90, «Каникулы» по Г. Ганейзер стр. 113, «Где грибы выше леса» по Г. Ганейзер стр. 91, «Трудное слово» по С. Баруздину стр. 92.
Die Bilder mit den Preisen (L. 18, 4.) haben wir der Zeitschrift «Русский Язык За Рубежом» № 5/1975 г. entnommen.
Der Text «В лифте» entstand nach Наталья Ильина, «Ах, эти незабываемые встречи!» aus der Zeitschrift «Крокодил» № 6/1975.
Der Text «Шпаргалка» (L. 20) entstand nach «Как себя вести» aus «Крокодил» № 21/1975 г.
Der Text «Важная проблема» (L. 20) entstand nach Ц. Меламед, «Дядя, ты молодец» aus «Крокодил» № 31/1970 г.
Der Text «Боль» (L. 20) entstand nach Л. Треер «Боль» aus «Крокодил» № 10/1972 г.
Die Bildgeschichte aus L. 19 «Сорок лет спустя» ist dem «Крокодил» entnommen.

7. 6. 5. | Die letzten Ziffern
1996 95 94 93 92 | bezeichnen Zahl und Jahr des Druckes.
Alle Drucke dieser Auflage können, da unverändert, nebeneinander benutzt werden.
1. Auflage

Satz: Maximilian Guck, München
Druck: Ludwig Auer GmbH, Donauwörth
Printed in Germany
ISBN 3-19-034425-6

INHALTSVERZEICHNIS

Übungen, die mehrere Lösungen zulassen, sind mit einem * versehen.

*** 1. Sprechen Sie zu den Bildern.**

Кто э́то?

1

3

2

4

5

2. Leseübung

a. Lesen Sie folgende Städtenamen:

а. Бонн **б.** Берн **в.** Трир **г.** Берлин **д.** Унна **е.** Ульм **ж.** Дортмунд **з.** Фульда **и.** Инсбрук **й.** Эссен **к.** Аугсбург **л.** Чикаго **м.** Штутгарт **н.** Падерборн **о.** Вупперталь **п.** Пирмазенс **р.** Швейнфурт **с.** Дижон **т.** Ялта **у.** Крым (Halbinsel)

b. Lesen Sie folgende Städtenamen:

а. Киль **б.** Ленинград **в.** Киев **г.** Гамбург **д.** Одесса **е.** Ганновер **ж.** Кассель **з.** Зиген **и.** Франкфурт-на-Майне **й.** Бамберг **к.** Эслинген **л.** Гисен **м.** Висбаден **н.** Бремен **о.** Шверин **п.** Лимож **р.** Лозана **с.** Тироль **т.** Генуя **у.** Билефельд **ф.** Болонья **х.** Филадельфия **ц.** Баден **ч.** Джэксон **ш.** Лос-Анжелос[1] **щ.** Чарлстон **ъ.** Минск **ы.** Дрезден **ь.** Росток **э.** Канзас **ю.** Куйбышев **я.** Иркутск **А.** Ереван **Б.** Базель

c. Lesen Sie folgende Familiennamen:

а. Штраус **б.** Шиллер **в.** Маркс **г.** Энгельс **д.** Шмидт

d. Lesen Sie folgende Flußnamen:

а. Эльба **б.** Заале **в.** Неккар **г.** Рейн **д.** Везер **е.** Аллер **ж.** Инн **з.** Мозель **и.** Лан **й.** Шпрее **к.** Рур **л.** канал **м.** Эмс **н.** Одер **о.** Верра **п.** Ягст **р.** Изар **с.** Лейне **т.** Липпе

3.

Э́то Ива́н Ива́нович. Он из Москвы́. Э́то Мари́на Ка́рловна. Она́ из А́угсбурга.

а. госпожа́ Берг/ Ка́ссель **б.** Ни́на Ива́новна/ Москва́ **в.** Ди́тер Ка́рлович/ Э́ссен **г.** Бори́с Ива́нович/ Оде́сса **д.** господи́н Ке́ллер/ И́нсбрук **е.** Ива́н Бори́сович/ Ленингра́д

4.

Я из А́угсбурга. — Ага́, вы из А́угсбурга. Меня́ зову́т Кра́узе Мари́на Ка́рловна. — Ага́, вас зову́т Кра́узе Мари́на Ка́рловна.

а. Я из Ве́ны. **б.** Я из Берли́на. **в.** Меня́ зову́т Ни́на Ива́новна. **г.** Я из Бре́мена. **д.** Меня́ зову́т Ди́тер Бе́ргер. **е.** Меня́ зову́т Бори́с Бори́сович.

[1] Auch: Лос-Анджелес

5. Кто э́то?

А э́то кто?

А э́то?

А э́то?

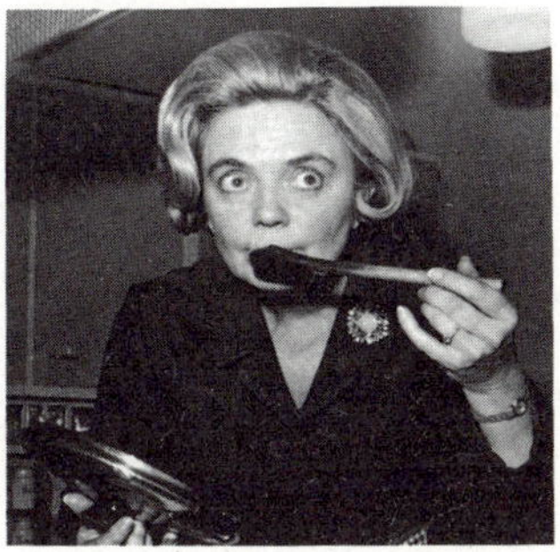

А э́то?

6.

Она́ из Э́ссена.

Он из Ленингра́да.

а. **ВО-**

б. **В-**

в. **W-**

г. **МИИ-**

д. **МОК-**

е. **ВЕ⊞-**

ж. **FD-**

7. Stellen Sie sich gegenseitig Fragen.

а. Как ва́ша фами́лия? **б.** Как вас зову́т? **в.** Отку́да вы?

***8. Setzen Sie folgende Wörter in den Lektionstext ein (statt im Text vorhandener):**

Ни́на Бори́совна, Ра́йнер Ди́терович, Киль, Берг, Э́ссен, Линд, господи́н Кри́гер, Мари́на Ра́йнеровна, госпожа́ Ли́нденберг

9. Beantworten Sie folgende Fragen:

а. Отку́да Мари́на Ка́рловна? **б.** Отку́да господи́н Бе́ргер? **в.** Отку́да господи́н Га́рдер? **г.** Кто экскурсово́д? **д.** Отку́да госпожа́ Ке́ллер? **е.** Отку́да экскурсово́д? **ж.** Кто из Га́мбурга? **з.** А кто из Ба́зеля?

10. Ergänzen Sie.

— Здра́вствуйте.	— Здра́вствуйте.
— Как вас зову́т?	— . . . Ди́тер Га́нсович.
— . . .?	— Берг.
— Отку́да вы?	— Я . . .
— Меня́ зову́т Ива́н Бори́сович.	— Э́то Мари́на Ка́рловна. . . . из А́угсбурга.
— А кто . . . экскурсово́д?	— Ива́н Ива́нович.
— Он из Москвы́?	— . . ., из Москвы́.

*1. Erzählen Sie mit Hilfe der Bilder.

Сосе́ди

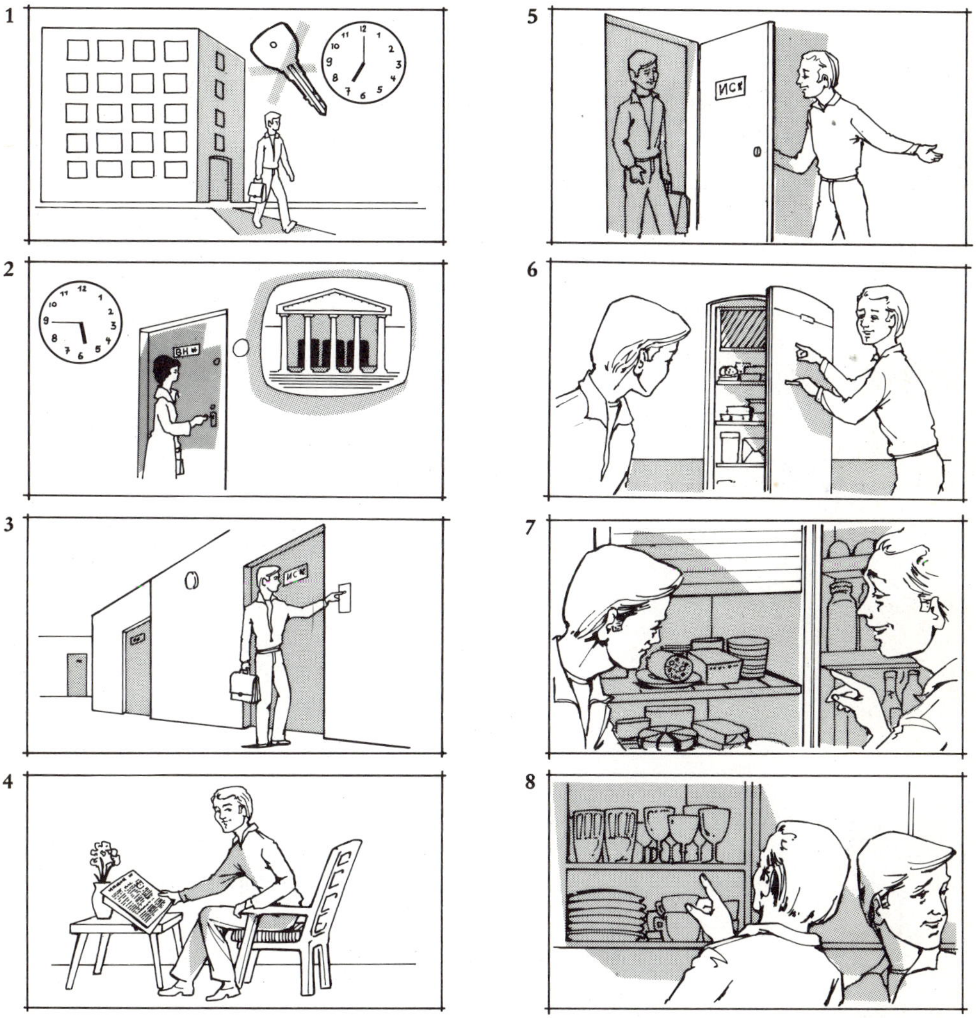

2

9

10

2. Lesen Sie folgenden Text und schreiben Sie ihn ab:

*Виктор Петрович не взял ключ, а
Мария Максимовна ушла в театр.
Виктор Петрович и Иван Степанович
соседи. Иван Степанович один, как и
Виктор Петрович. Они ещё не ужина-
ли. Иван Степанович и Виктор Пет-
рович взяли из холодильника сыр,
масло, кефир и вино. Они взяли
и стаканы.*

3.

Что э́то?
— Э́то молоко́ и кефи́р.

Кто э́то?
— Э́то Ви́ктор Петро́вич и Ива́н Степа́нович.

а.

б.

госпожа́ Кра́узе
господи́н Бе́ргер

в.

г.

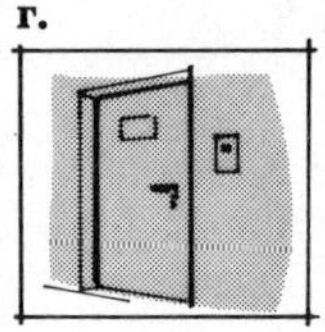

д.

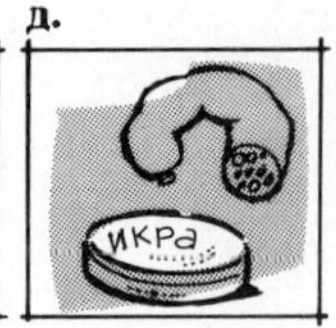

2

4. Stellen Sie Fragen und antworten Sie wie im Beispiel. Benutzen Sie dabei die Bilder aus Übung 3.

Где холоди́льник? — Вот холоди́льник. А где же колбаса́? — Вот и колбаса́.

5.

Э́то господи́н Ке́ллер. — Кто э́то? Ви́ктор Петро́вич и́з Ки́ева. — Отку́да Ви́ктор Петро́вич?

а. Меня́ зову́т Карл Ка́рлович. **б.** Э́то Ви́ктор Петро́вич. **в.** Я взял(а́) сыр. **г.** Ключ здесь. **д.** Э́то кефи́р. **е.** Я из Бре́мена. **ж.** Ключ взяла́ Мари́я Макси́мовна. **з.** Я поу́жинал(а) здесь.

6.

Извини́те, Ви́ктор Петро́вич здесь? — Здесь. Вот он. Извини́те, госпожа́ Бе́ргер здесь? — Здесь. Вот она́.

а. Ива́н Степа́нович **б.** ключ **в.** Мари́я Макси́мовна **г.** Мари́на Ка́рловна **д.** господи́н и госпожа́ Кра́узе **е.** экскурсово́д **ж.** стака́ны **з.** вино́ **и.** Ви́ктор Петро́вич и Мари́я Макси́мовна **й.** жена́

7.

Ива́н Петро́вич не взял ключ. — А кто взял ключ?

а. Сосе́ди не входи́ли. **б.** Мари́на Ка́рловна не взяла́ вино́. **в.** Я не откры́л(а) холоди́льник. **г.** Жена́ не ушла́.

8.

Вы откры́ли дверь? — Нет, не откры́л(а).

а. взять стака́ны **б.** у́жинать **в.** входи́ть в теа́тр **г.** откры́ть холоди́льник **д.** взять ключ

9. Finden Sie die Fragen zu folgenden Antworten:

а. . . . — Нет, не взял.
б. . . . — Берг.
в. . . . — Да, ма́сло.

г. . . . — Я взял хлеб.
д. . . . — Да, у́жинала.
е. . . . — Здесь.
ж. . . . — Я у́жинал(а).

10. Beantworten Sie folgende Fragen:

> Ви́ктор Петро́вич ушёл в теа́тр? — Нет, не ушёл.
> Ви́ктор Петро́вич и Ива́н Степа́нович сосе́ди? — Да, сосе́ди.

а. Дверь откры́л Ви́ктор Петро́вич? **б.** Мари́я Макси́мовна взяла́ ключ? **в.** Мари́я Макси́мовна ушла́? **г.** Ива́н Степа́нович уже́ у́жинал? **д.** Ви́ктор Петро́вич входи́л? **е.** Мари́я Макси́мовна входи́ла? **ж.** Ива́н Ива́нович из Ленингра́да? **з.** Госпожа́ Ке́ллер из Ба́зеля? **и.** Ива́н Степа́нович и Мари́я Макси́мовна сосе́ди?

11. Beantworten Sie folgende Fragen:

а. Что де́лали Ива́н Степа́нович и Ви́ктор Петро́вич? **б.** Где Мари́я Макси́мовна? **в.** Что Ива́н Степа́нович и Ви́ктор Петро́вич взя́ли из холоди́льника? **г.** Кто откры́л дверь?

12. Ergänzen Sie.

а. Здра́вствуйте, Ива́н Степа́нович. — . . . **б.** Я не взял ключ, а . . . **в.** Входи́те, пожа́луйста. — . . . **г.** Вот сыр. Вот колбаса́. А где же ма́сло? — . . . **д.** А э́то что? Молоко́? — . . . **е.** А где же стака́ны? . . . **ж.** Звоно́к. — . . . **з.** До́брый ве́чер. Ви́ктор Петро́вич . . .? **и.** Ви́ктор, уже . . . **й.** Большо́е спаси́бо за угоще́ние, Ива́н Степа́нович, . . .

*** 13. Reagieren Sie.**

> Вы не взя́ли ключ, а жена́ ушла́ в теа́тр. — Вы ведь ещё не у́жинали?
> Вы экскурсово́д. — Вы ведь из Москвы́?

а. Вас зову́т Мари́на Ка́рловна. **б.** Вы господи́н Бе́ргер. **в.** Э́то Ива́н Степа́нович и Мари́я Макси́мовна. **г.** Звоно́к. **д.** Входи́те, пожа́луйста. **е.** Э́то не Мари́я Макси́мовна.

***14. Erzählen Sie mit Hilfe der Bilder.**

1

Звоно́к. Мари́я Макси́мовна откры́ла дверь.

2

Ви́ктор Петро́вич откры́л холоди́льник и взял кефи́р.

3

Мари́я Макси́мовна взяла́ из холоди́льника ма́сло, сыр, колбасу́ и вино́.

4

Fahren Sie fort.

5

6

7

8

3 * 1. Поку́пки

1

4

2

5

3

6

2. Lesen Sie den Text und schreiben Sie ihn ab.

Бабушка пошла в магазин N 10. Она
не взяла список. Она купила хлеб,
колбасу, рыбу, мясо, сахар, фрукты,
бутылку молока, бутылку кефира,
а бутылку белого вина она не купи-
ла. Дома она достала продукты

из сумки. Дедушка ещё не пришёл домой. Дедушка пришёл домой поздно. Он открыл холодильник и достал из холодильника бутылку водки. Ведь бабушка не купила белое вино.

3.

> Вы купи́ли ры́бу? — Купи́л(а). Вот ры́ба.
> Вы купи́ли мя́со? — Купи́л(а). Вот мя́со.

а. холоди́льник **б.** колбаса́ **в.** молоко́ **г.** буты́лка кефи́ра **д.** проду́кты **е.** вино́ **ж.** икра́ **з.** хлеб **и.** стака́ны **й.** су́мка

4.

> Где су́мка? — Ах вот она́. Спаси́бо за су́мку.
> Где стака́ны? — Ах вот они́. Спаси́бо за стака́ны.

а. ма́сло **б.** конья́к **в.** во́дка **г.** па́чка ча́я **д.** ко́фе **е.** фру́кты **ж.** мя́со **з.** спи́сок

5.

> Я попроси́л(а) вас купи́ть квас. — А я же уже́ купи́л(а) буты́лку ква́са.
> Я попроси́л(а) вас купи́ть са́хар. — А я же уже́ купи́л(а) па́чку са́хара.

а. молоко́ **б.** кефи́р **в.** мя́со **г.** чай **д.** кра́сное вино́ **е.** во́дка **ж.** ко́фе **з.** вода́ **и.** конья́к **й.** сыр

6. Ра́зве э́то буты́лка ква́са?
— Нет, буты́лка коньяка́.

Ра́зве э́то сыр?
— Да, сыр.

3

а. Ра́зве э́то де́душка?

б. Ра́зве э́то пенсионе́р?

в. Ра́зве э́то магази́н № 8?

г. Ра́зве э́то проду́кты?

д. . . . ко́фе?

е. . . . во́дка?

ж. . . . буты́лка вина́?

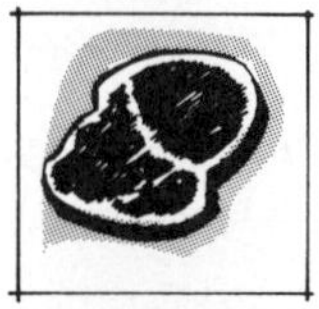

з. . . . ры́ба?

и. . . . холоди́льник?

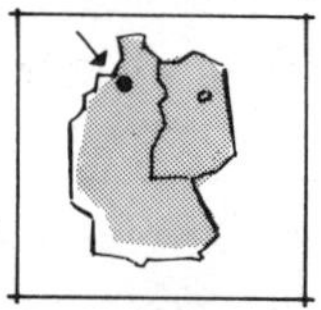

й. . . . Москва́?

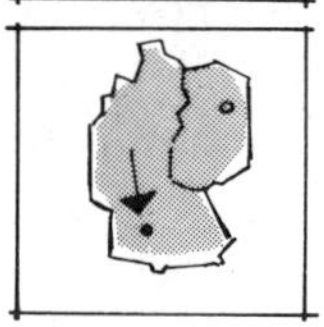

к. . . . А́угсбург?

7.

Э́то не Ива́н Ива́нович. — А э́тот экскурсово́д?   Э́то не стака́н ква́са. — А э́тот стака́н?

а. мои́ ключи́ **б.** па́чка сы́ра **в.** Ви́ктор Петро́вич **г.** буты́лка кефи́ра **д.** бе́лое вино́ **е.** де́душка **ж.** магази́н № 4 **з.** фру́кты и мя́со **и.** минера́льная вода́ **й.** мои́ фру́кты

8.

> Я купи́л(а) хлеб. — Де́душка попроси́л меня́ купи́ть хлеб.
> Я сходи́л(а) в магази́н. — Де́душка попроси́л меня́ сходи́ть в магази́н.

а. Я откры́л(а) буты́лку. **б.** Я доста́л(а) ключ из су́мки. **в.** Я поу́жинал(а). **г.** Я пошёл(шла́) домо́й. **д.** Я ушёл(шла́). **е.** Я входи́л(а). **ж.** Я на́чал(а́) писа́ть спи́сок. **з.** Я сходи́л(а) в теа́тр. **и.** Я взял(а́) буты́лку коньяка́. **й.** Я пришёл(шла́). **к.** Я купи́л(а) колбасу́.

9.

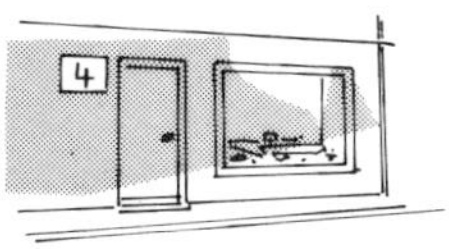

Э́то магази́н № четы́ре.

а. (6) Э́то . . .

б. (10) **в.** (5) **г.** (2) **д.** (9) **е.** (7) **ж.** (1) **з.** (3) **и.** (8)

10. Setzen Sie «до́ма» oder «домо́й» ein.

а. Мари́я Макси́мовна пришла́ . . . по́здно. **б.** Ива́н Степа́нович поу́жинал . . . **в.** Де́душка попроси́л меня́ сходи́ть . . . **г.** Я написа́л(а) спи́сок . . . **д.** Де́душка купи́л проду́кты и пошёл . . . **е.** Де́душка доста́л проду́кты из су́мки . . . **ж.** Ба́бушка откры́ла па́чку . . .

11. Ergänzen Sie.

а. Мои́ де́душка и ба́бушка . . . **б.** Сего́дня у́тром ба́бушка попроси́ла де́душку сходи́ть . . . **в.** Ко́ля, вот спи́сок. — Ла́дно. . . . **г.** Де́душка взял су́мку и . . . **д.** Че́рез час он пришёл из магази́на . . . **е.** До́ма он на́чал достава́ть проду́кты . . . **ж.** А э́то буты́лки. — . . . буты́лки? **з.** Ра́зве э́то буты́лка молока́? — . . . **и.** Э́то буты́лка бе́лого вина́ и . . .

12. Beantworten Sie folgende Fragen:

а. Кто купи́л проду́кты? **б.** Что купи́л де́душка? **в.** Что де́душка не купи́л? **г.** Де́душка взял су́мку? **д.** Что за вино́ купи́л де́душка? **е.** Что написа́ла ба́бушка? **ж.** Вы сходи́ли уже́ домо́й сего́дня? **з.** Что вы сего́дня купи́ли?

* 13. Свида́ние

1 2 3 4

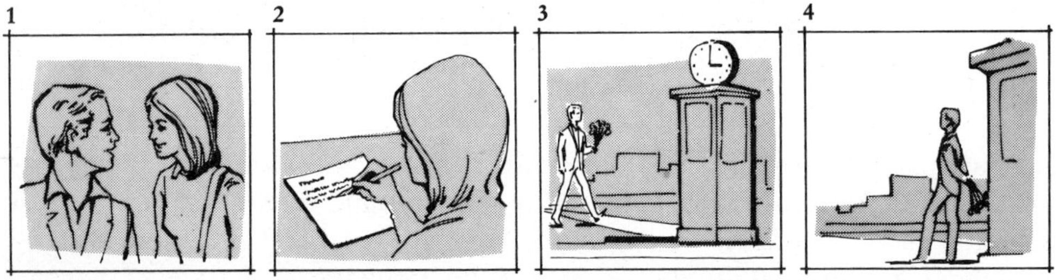

1: Ива́н Ива́нович попроси́л Мари́ну Ка́рловну прийти́ на свида́ние.

2: Мари́на Ка́рловна написа́ла: . . .

5

6

7

8

9

10

11

4 * 1. Ни́на больна́

1

4

2

5

3
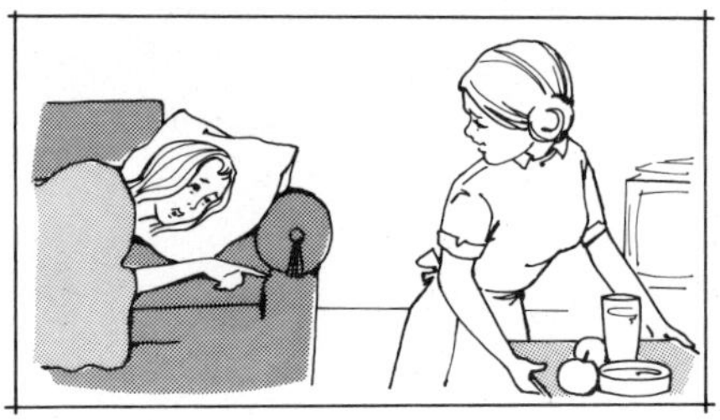

6

2.

Лека́рство в кре́сле? — Нет, в кре́сле нет. А в шкафу́? — Да, в шкафу́.

а. Хлеб в су́мке? — (—) **б.** Ма́сло в холоди́льнике? (стол) **в.** Сту́лья в ко́мнате? (ку́хня) **г.** Газе́та в кре́сле? (телеви́зор) **д.** Ба́бушка в магази́не № 9? (№ 4) **е.** Стака́ны в шкафу́? (—) **ж.** Спи́сок на столе́? (в журна́ле) **з.** Буты́лка в шкафу́? (на шкафу́) **и.** Су́мка в ку́хне на полу́? (—) **й.** Ключ в су́мке? (на столе́ на газе́те) **к.** Сыр на холоди́льнике? (в холоди́льнике) **л.** Журна́л на сту́ле? **м.** Чай в па́чке? (—) **н.** Мари́я Макси́мовна до́ма? (теа́тр)

3.

На столе́ . . . стака́ны. В буты́лке . . . вино́.

а. В магази́не . . . **б.** В су́мке . . . **в.** На телеви́зоре . . . **г.** В холоди́льнике . . . **д.** В ко́мнате . . . **е.** В па́чке . . . **ж.** На газе́те . . . **з.** В ку́хне . . . **и.** В кре́сле . . . **й.** На шкафу́ . . . **к.** В стака́не . . . **л.** На полу́ . . . **м.** В журна́ле . . . **н.** В теа́тре . . .

4.

теа́тр: Мари́я Макси́мовна была́ в теа́тре. магази́н: Я сходи́л в магази́н.

а. ко́мната: Ни́на . . . **б.** холоди́льник: Ви́ктор Петро́вич доста́л буты́лку вина́ . . . **в.** ку́хня: Ни́на вошла́ . . . **г.** магази́н № 8: Де́душка купи́л проду́кты . . . **д.** Киль: Я поу́жинала . . . **е.** теа́тр: Мари́я Макси́мовна пошла́ . . . **ж.** холоди́льник: Я поста́вил буты́лку во́дки . . . **з.** Москва́: Ни́на Бори́совна . . . **и.** ко́мната: Принеси́ за́втрак . . . **й.** до́ма/ домо́й: Вы поза́втракали . . .? **к.** пол: Она́ нашла́ ключ . . . **л.** магази́н: Приди́те . . . **м.** шкаф: Мари́на Ка́рловна доста́ла лека́рство . . . **н.** су́мка: Ни́на доста́ла ключ . . .

5.

Су́мка на сту́ле. — Она́ должна́ быть на сту́ле. Стака́ны в шкафу́. — Они́ должны́ быть в шкафу́.

а. Молоко́ в холоди́льнике. **б.** Проду́кты в су́мке. **в.** Конья́к в ко́мнате на столе́. **г.** Во́дка в шкафу́. **д.** Мари́я Макси́мовна до́ма. **е.** Мя́со на сту́ле. **ж.** Ка́ша в ку́хне. **з.** Квас на холоди́льнике. **и.** Бума́ги в кре́сле.

6.

Кто бо́лен? Мари́я Макси́мовна? — Нет, Мари́я Макси́мовна не больна́. Что гото́во? Ка́ша? — Нет, ка́ша не гото́ва.

а. бо́лен/ госпожа́ Кра́узе **б.** гото́в/ Ива́н Ива́нович **в.** гото́во/ мя́со **г.** бо́лен/ де́душка **д.** гото́во/ ко́фе **е.** гото́в/ Ни́на Ива́новна **ж.** бо́лен/ де́душка **з.** гото́в/ госпожа́ и господи́н Га́рдер **и.** гото́во/ чай

4 **7. Что вы нашли́?**

Я нашёл(шла́) ключ.

а.

б.

в.

г.

д.

е.

ж.

з.

и.

й.

8.

> Ива́н Ива́нович из Ленингра́да. — Э́то непра́вильно. Ива́н Ива́нович из Москвы́.
> Ди́тер Бе́ргер из Га́мбурга. — Э́то пра́вильно.

а. Мать больна́. **б.** Мать в ку́хне. **в.** Лека́рство в шкафу́. **г.** На телеви́зоре бума́ги. **д.** Бума́ги в кре́сле. **е.** Мать не нашла́ лека́рство. **ж.** Ни́на уже́ поза́втракала. **з.** Ни́на должна́ поза́втракать. **и.** Хе́льмут Шми́дт из До́ртмунда. **й.** Вы купи́ли телеви́зор. **к.** Вы поста́вили ма́сло в холоди́льник. **л.** Вы сего́дня не поза́втракали.

9. Ergänzen Sie.

а. Ма́ма, где ты? — . . . **б.** За́втрак уже́ почти́ гото́в. Сейча́с . . . **в.** Ни́на, вот стака́н молока́. — . . . **г.** А ка́шу? — . . . **д.** А фру́кты, Ни́на? — . . . **е.** Нет, на столе́ нет. Я уже́ . . . **ж.** В кре́сле нет. Здесь то́лько . . . **з.** Поду́май. Куда́ ты . . .? **и.** В кре́сле то́же нет? . . ., оно́ на телеви́зоре. **й.** То́лько су́мка не на сту́ле, а на полу́. Наконе́ц, . . .

10. **Ни́на berichtet.**

Lesen Sie folgenden Text und schreiben Sie ihn ab:

Я была больна. Мама ... (принесла завтрак, но я не позавтракала. Мама посмотрела в комнате, на телевизоре, в кресле, на столе, в шкафу, но она не нашла лекарство. Я подумала. Наконец, мы нашли лекарство в сумке на полу в кухне. Я не достала лекарство из сумки.

***11.**

Где ма́сло? — Мы, наве́рное, поста́вили ма́сло в холоди́льник. Где Мари́я Макси́мовна? — Она́, наве́рное, пошла́ в теа́тр.

а. Где Ива́н Ива́нович? **б.** Где холоди́льник? **в.** Где икра́? **г.** Где стака́ны? **д.** Где де́душка? **е.** Где су́мка? **ж.** Где па́чка ча́я? **з.** Где Ни́на? **и.** Где лека́рство?

***12.**

За́втрак гото́в. — Нет, не хочу́. — Нет, спаси́бо, я уже́ поза́втракал(а). — Нет, спаси́бо, не хочу́. — Да, пожа́луйста.

а. Вот сыр. **б.** Вот икра́. **в.** Вот кусо́к хле́ба. **г.** Вот стака́н минера́льной воды́. **д.** Поу́жинайте. **з.** Сходи́те в магази́н. **и.** Вот газе́та. **й.** Вот кре́сло. **к.** Вот лека́рство. **л.** Вот стака́н бе́лого вина́. **м.** Принеси́те лека́рство. **н.** Приди́те, пожа́луйста.

4 * **13. Benutzen Sie für folgende Situationen Imperative:**

> Звонóк. — Открóйте, пожáлуйста, дверь.
> Где лекáрство? — Найдѝте, пожáлуйста, лекáрство.

а. Я хочý стакáн кефѝра. **б.** Марѝя Максѝмовна дóма? **в.** Мы пришлѝ пóздно. **г.** Ужé пóздно. **д.** Вы не больны́. **е.** Вот ключ. **ж.** Вы должны́ позáвтракать. **з.** Мóжет быть, дéдушка ещё не сходѝл в магазѝн. **и.** Что купѝть? **й.** Вы ещё не нáчали. **к.** Лекáрство, мóжет быть, ещё в сýмке. **л.** Где ключ? **м.** Вѝктор Петрóвич здесь?

* **14. а.** Кудá вы постáвили стýлья? **б.** Кудá вы постáвили пáчку чáя? **в.** Вáши дéдушка и бáбушка пенсионéры? **г.** Кудá вы постáвили буты́лку кефѝра? **д.** Вáша мать больнá? **е.** Где вáша газéта? **ж.** Где ваш журнáл? **з.** Где ваш сосéд? **и.** Вы нашлѝ ключ. Где вы посмотрéли?

* **15. Benutzen Sie «Вы должны . . .»**

> Ужé пóздно. — Вы должны́ пойтѝ домóй.
> Мáсло в холодѝльнике. — Вы должны́ достáть мáсло из холодѝльника.

а. Я купѝл(а) икрý. **б.** Бáбушка написáла «кóфе». **в.** Я написáл(а) спѝсок. **г.** Ключ в сýмке. **д.** Хлеб из магазѝна № 6. **е.** Стакáны в шкафý. **ж.** Вы не взя́ли ключ, а вáша женá ушлá. **з.** Я хочý ключ. **и.** Вы ещё не нáчали. **й.** Кудá вы постáвили лекáрство? **к.** Э́то буты́лка молокá. **л.** Я пойдý в магазѝн. **м.** Я принесý буты́лку вóдки.

* **16. Reagieren Sie.**

> Кóля, вот спѝсок. — Лáдно, сейчáс пойдý.
> Нѝна, вот стакáн молокá. — Нет, спасѝбо, не хочý.

а. Зáвтрак ужé почтѝ готóв. **б.** Ах да, ведь лекáрство ещё в сýмке. **в.** Я дóлжен(нá) купѝть молокó? **г.** А стакáн конья́кá? **д.** Я купѝла лекáрство. **е.** Вот кáша. **ж.** Вы должны́ откры́ть дверь. **з.** Чай почтѝ готóв.

*17. Ма́ма была́ больна́

1

Ма́ма была́ больна́.

2

Ни́на была́ в Ленингра́де.

3

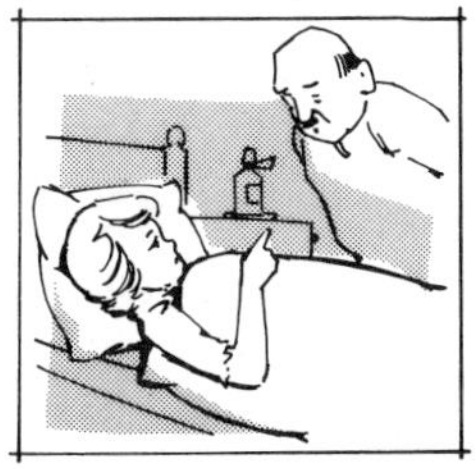

4

5

6

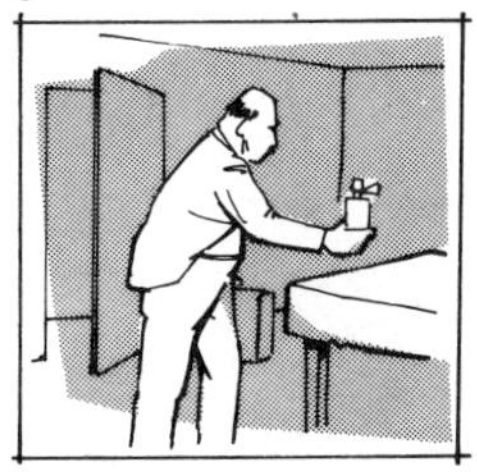

7

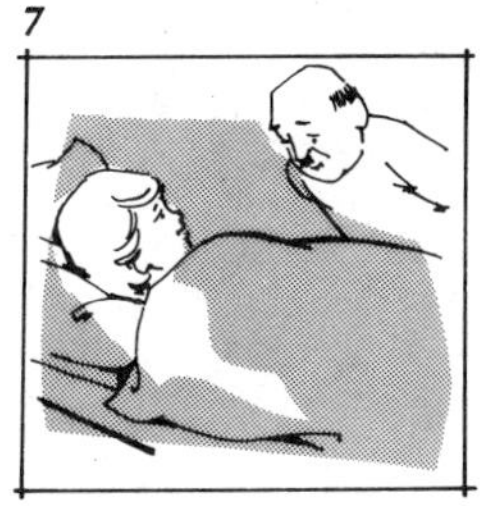

5 * 1. Специали́ст

1

3

2

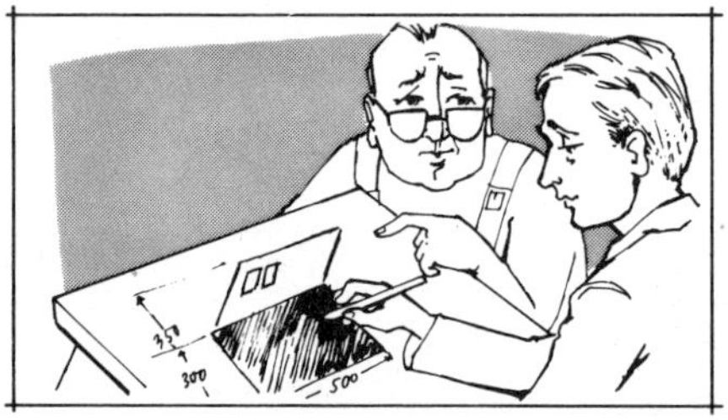

4

5

2.

Како́й сыр хоро́ший? — Вот э́тот. Кака́я колбаса́ хоро́шая? — Вот э́та.

а. у́голь **б.** полови́на **в.** пи́во **г.** стака́ны **д.** вино́ **е.** кусо́к мя́са **ж.** фру́кты **з.** ры́ба **и.** чай **й.** стул

3.

Я купи́л(а) вино́. Вот оно́. — Како́е хоро́шее вино́! Я купи́л(а) икру́. Вот она́. — Кака́я хоро́шая икра́!

а. кре́сла **б.** шкаф **в.** су́мка **г.** мя́со **д.** конья́к **е.** бума́га **ж.** сту́лья **з.** холоди́льник

4.

(5+1) Пять плюс оди́н . . . шесть. (10+2) Де́сять плюс два . . . двена́дцать.

а. 5+5 **б.** 7+8 **в.** 24+4 **г.** 3+20 **д.** 25+6 **е.** 2+9 **ж.** 12+1 **з.** 10+4 **и.** 11+5 **й.** 17+9 **к.** 18+11 **л.** 22+10 **м.** 27+3 **н.** 28+5 **о.** 10+24 **п.** 12+14 **р.** 19+2

5.

(3) Возьми́те э́ти стака́ны. Три, четы́ре, пять. — А где шесто́й стака́н? (8) Возьми́те эти газе́ты. Во́семь, де́вять, де́сять. — А где оди́ннадцатая газе́та?

а. (1) стул **б.** (8) журна́л **в.** (3) буты́лка **г.** (26) кусо́к **д.** (5) лека́рство **е.** (10) спи́сок **ж.** (14) газе́та **з.** (16) ка́мень **и.** (1) де́рево **й.** (4) бума́га **к.** (12) па́чка **л.** (6) стака́н **м.** (2) ключ

*6.

Пло́щадь ко́мнаты два́дцать шесть ме́тров. — Э́то больша́я ко́мната. Пло́щадь ку́хни де́сять ме́тров. — Э́то небольша́я ку́хня.

а. Пло́щадь ко́мнаты 2 м. **б.** Величина́[1] окна́ 2 м. **в.** Пло́щадь магази́на 38 м. **г.** Пло́щадь ку́хни 16 м. **д.** Величина́ окна́ 1 м. **е.** Пло́щадь ко́мнаты 24 м. **ж.** Пло́щадь ку́хни 21 м. **з.** Пло́щадь магази́на 27 м.

7.

Э́то деся́тый эта́ж. — Высота́ три́дцать ме́тров. Э́то тре́тий эта́ж. — Высота́ де́вять ме́тров.

а. 4 **б.** 7 **в.** 2 **г.** 5 **д.** 8 **е.** 6 **ж.** 9

---

[1] величина́ = Größe

8.

> Како́й э́то эта́ж? (24) — Два́дцать четвёртый.
> Кака́я э́то дверь? (5) — Пя́тая.

а. полови́на (2) **б.** эта́ж (9) **в.** окно́ (1) **г.** ко́мната (3) **д.** дом (11) **е.** дверь (13) **ж.** ключ (17) **з.** спи́сок (15) **и.** стул (19)

* 9.

> Ни́на купи́ла телеви́зор? — Ива́н Степа́нович не сказа́л, что она́ купи́ла.
> Они́ из Ки́ева? — Ива́н Степа́нович не сказа́л, отку́да они́.
> Мари́я Макси́мовна пришла́? — Ива́н Степа́нович не сказа́л, что она́ пришла́.

а. Ни́на в Ки́еве? **б.** Э́то буты́лка вина́? **в.** Бори́с купи́л мно́го у́гля? **г.** Ни́на больна́? **д.** Мари́я Макси́мовна пошла́ в теа́тр? **е.** Э́то специали́ст? **ж.** Ба́бушка поста́вила буты́лку в холоди́льник? **з.** Она́ взяла́ су́мку и ключ? **и.** О́кна в ко́мнате у́зкие? **й.** Де́душка на́чал писа́ть? **к.** Мари́я Макси́мовна пришла́ из теа́тра? **л.** На́до мно́го у́гля? **м.** Де́душка взял пе́рвый ключ? **н.** Ма́ма и Ни́на поду́мали, что́бы найти́ лека́рство?

10.

> На́до входи́ть. — Входи́те, пожа́луйста.
> На́до откры́ть дверь. — Откро́йте дверь, пожа́луйста.

а. На́до э́то сде́лать. **б.** истопи́ть печь **в.** взять су́мку **г.** посмотре́ть **д.** отопи́ть ко́мнату **е.** э́то сказа́ть **ж.** поду́мать **з.** сходи́ть в магази́н № 6

*** 11. Stellen Sie sich gegenseitig Fragen.**

> Како́й э́то стака́н? — Э́то стака́н ква́са.
> Како́е э́то кре́сло? — Э́то большо́е кре́сло.

а. проду́кты **б.** буты́лка **в.** экскурсово́д **г.** мя́со **д.** спи́сок **е.** шкаф **ж.** дом

*12.

> Смотря́ каки́е шкафы́ в ко́мнате. — Оди́н большо́й шкаф.
> Смотря́ кака́я су́мка. — Обыкнове́нная.
> Смотря́ како́й эта́ж. — Четвёртый.

а. кре́сла в ко́мнате **б.** печь в ку́хне **в.** у́голь **г.** экскурсово́д **д.** столы́ в ко́мнате **е.** конья́к **ж.** ко́мната **з.** о́кна в ко́мнате **и.** пло́щадь **й.** кусо́к мя́са **к.** полови́на **л.** фами́лия **м.** высота́ **н.** зима́ **о.** вино́ **п.** магази́н **р.** холоди́льник **с.** стака́ны **т.** отку́да вы **у.** куда́ вы поста́вили кефи́р **ф.** ско́лько раз в день топи́ть

*13.

> Ско́лько на́до у́гля, . . . что́бы отопи́ть ко́мнату?
> Я сходи́л(а) в магази́н, . . . что́бы купи́ть бума́гу.

а. Де́душка попроси́л меня́ принести́ у́голь, . . . **б.** Я посмотрю́ в ку́хне, . . . **в.** Он откры́л шкаф, . . . **г.** Она́ пришла́ в ку́хню, . . . **д.** Де́душка взял су́мку, . . . **е.** Вы пришли́, . . .? **ж.** Ива́н Степа́нович откры́л дверь, . . .

*14.

> Я купи́л(а) телеви́зор. — А я слы́шал(а), что вы купи́ли кре́сло.
> Я сходи́л(а) в магази́н. — А я слы́шал(а), что вы сходи́ли в теа́тр.

а. Я поу́жинал(а) в ку́хне. **б.** Высота́ до́ма два́дцать два ме́тра. **в.** Я сходи́л(а) домо́й. **г.** Я доста́л(а) буты́лку из холоди́льника. **д.** Я посмотре́л(а) в шкафу́. **е.** Я поста́вил(а) лека́рство на телеви́зор. **ж.** Я нашёл(шла́) су́мку на сту́ле. **з.** Я сказа́л(а) «спаси́бо». **и.** Я отопи́л(а) ку́хню. **й.** Дом большо́й. **к.** Спи́сок пра́вильный. **л.** Я купи́л(а) кра́сное вино́. **м.** Э́то второ́й эта́ж. **н.** Пло́щадь ко́мнаты два́дцать (квадра́тных) ме́тров. **о.** Лека́рство хоро́шее. **п.** Ива́н Ива́нович из Москвы́.

15. Ergänzen Sie gemäß dem Lektionstext.

а. Я слы́шал, . . . вы специали́ст. **б.** Скажи́те, пожа́луйста, ско́лько на́до у́гля, что́бы . . . **в.** Смотря́ кака́я пло́щадь. — Ну, . . . **г.** Смотря́ кака́я высота́. — . . . **д.** Смотря́ каки́е о́кна. — . . . **е.** Смотря́ како́й эта́ж. — . . . **ж.** Смотря́ како́й дом : из . . . **з.** Смотря́ кака́я печь. — . . . **и.** Смотря́ ско́лько раз в день топи́ть. — . . . **й.** Смотря́ како́й у́голь. — . . . **к.** Так ско́лько же на́до у́гля? — . . .

*** 16. Geben Sie über Ihr Zimmer und Ihr Haus Auskunft.**

а. Пло́щадь ко́мнаты . . . **б.** О́кна . . . **в.** Высота́ ко́мнаты . . . **г.** Како́й э́то эта́ж? **д.** Дом из . . . **е.** Что в ко́мнате? **ж.** Я хочу́ ещё купи́ть . . . **з.** Высота́ до́ма . . . **и.** Мои́ сосе́ди . . .

*** 17.**

Я не хочу́ дом. А вы?	— Я то́же не хочу́ дом.
	— Смотря́ како́й дом.
	— Смотря́ где.
	— Смотря́ из чего́[1]: из де́рева и́ли из ка́мня.
	— А я хочу́ дом.

а. сходи́ть в теа́тр **б.** икра́ **в.** сходи́ть в магази́н **г.** написа́ть спи́сок **д.** ры́ба **е.** телеви́зор **ж.** у́жинать **з.** кре́сло **и.** у́голь **й.** вино́ **к.** отопи́ть ко́мнату

•

18. Како́й э́то дом?

а.

Высота́ . . .
Дом из . . .
О́кна . . .
В до́ме два эта̡жа́.

б.

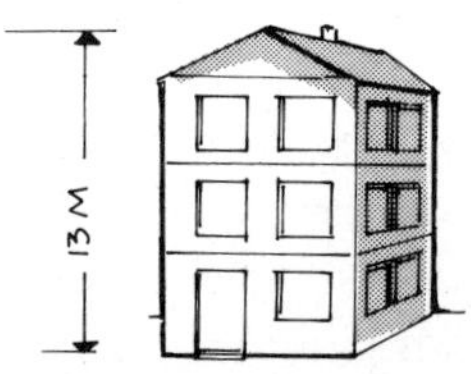

. . .

[1] из чего́ = woraus

***19. Какáя э́то кóмната?**

а.

б.

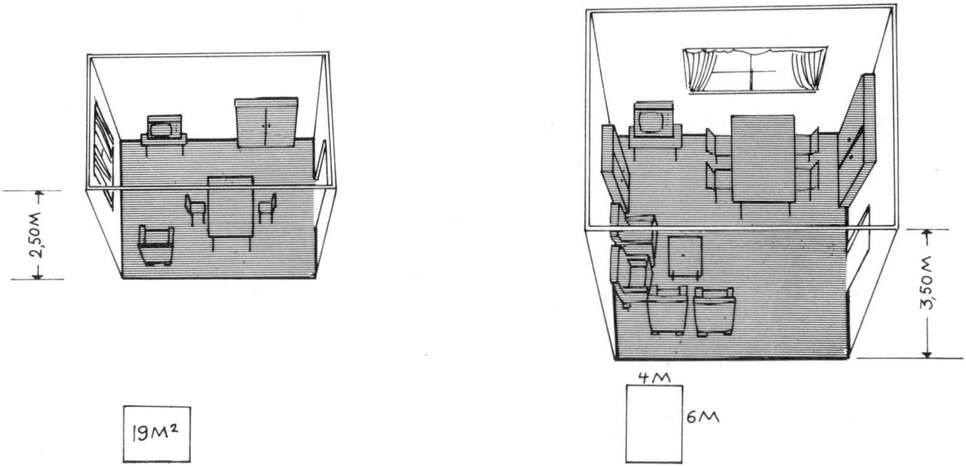

Высотá . . .

Плóщадь . . .

В кóмнате однó большóе окнó, . . .

. . .

6 * 1. В рестора́не

2.

> Официа́нт принёс нам котле́ту. — Но мы не заказа́ли котле́ту.
> Официа́нт принёс тебе́ бутербро́д. — Но ты не заказа́л(а) бутербро́д.

а. нам/ сала́т «Москва́» **б.** тебе́/ шпро́ты с лимо́ном **в.** вам/ щи **г.** мне/ шашлы́к **д.** тебе́/ 50 г коньяка́ **е.** нам/ соля́нку **ж.** мне/фру́кты **з.** вам/ борщ

*** 3.**

> Мы заказа́ли борщ. — Но официа́нт нам принёс щи.

а. я/ моро́женое **б.** вы/ во́дку **в.** ты/ ко́фе **г.** мы/ бифште́кс **д.** ты/ шпро́ты с лимо́ном **е.** я/ бутербро́д с колбасо́й **ж.** вы/ ру́сские щи **з.** мы/ котле́ту с карто́фелем

4.

> У меня́ нет газе́ты. — А у вас есть газе́та?
> У меня́ нет са́хара. — А у вас есть са́хар?

Die Klammern beziehen sich auf Übung 5.

а. сыр (есть) **б.** колбаса́ (есть) **в.** стака́н (нет) **г.** моро́женое (есть) **д.** пи́во (нет) **е.** чай (есть) **ж.** икра́ (нет) **з.** карто́фель (нет) **и.** ку́хня (есть) **й.** бе́лое вино́ (нет) **к.** ко́фе (есть) **л.** у́голь (есть) **м.** молоко́ (есть) **н.** ба́бушка (есть)

5.

У меня́ есть вино́. — А у меня́ нет вина́. У меня́ нет бума́ги. — А у меня́ есть бума́га.

Benutzen Sie die Beispiele aus Übung 4.

6.

Ива́н купи́л сего́дня са́хар. — У Ива́на есть са́хар. Ни́на не купи́ла бума́гу. — У Ни́ны нет бума́ги.

а. Бори́с не/ холоди́льник **б.** Мари́я Макси́мовна/ проду́кты **в.** Я не/ кефи́р **г.** Мы не/ во́дка **д.** Ни́на Ива́новна/ шампа́нское **е.** Вы не/ лека́рство **ж.** Господи́н Га́рдер/ газе́та. **з.** Де́душка/ телеви́зор **и.** Ты не/ мя́со **й.** Госпожа́ Ке́ллер не/су́мку

*** 7.**

Котле́ту с ри́сом и́ли . . . с карто́фелем? Чай с са́харом и́ли . . . с лимо́ном?

а. Бутербро́д с сы́ром и́ли . . . **б.** Господи́н Га́рдер с госпожо́й Ке́ллер и́ли . . . **в.** Ры́бу с сала́том и́ли . . . **г.** Ба́бушка с Ни́ной и́ли . . . **д.** Мя́со с карто́фелем и́ли . . . **е.** Дом из де́рева и́ли . . . **ж.** Ко́фе с лимо́ном и́ли . . . **з.** Бори́с и́ли . . . **и.** На десе́рт фру́кты и́ли . . . **й.** Ива́н Степа́нович с жено́й и́ли . . . **к.** Шампа́нское и́ли . . . **л.** Вячесла́в с Лари́сой и́ли . . . **м.** На за́втрак ко́фе и́ли . . . **н.** Ди́тер Бе́ргер из Бре́мена и́ли . . . **о.** Мари́я Макси́мовна одна́ и́ли . . .

8.

Я поста́вил(а) буты́лку за шкаф. — Но за шка́фом буты́лки нет. Я поста́вил(а) лека́рство в су́мку. — Но в су́мке лека́рства нет.

а. ча́шка/ на стол **б.** моро́женое/ в холоди́льник **в.** су́мка/ за де́рево **г.** шампа́нское / в ку́хню **д.** стака́н/ за буты́лку **е.** стул/ в дом **ж.** карто́фель/ на холоди́льник **з.** лека́рство/ в су́мку **и.** буты́лка во́дки / на пол **й.** ма́сло/ на телеви́зор **к.** конья́к / в шкаф **л.** лека́рство/ за телеви́зор

9. Куда́ они́ се́ли?

Он сел на стул.

Она́ се́ла за . . .

а.

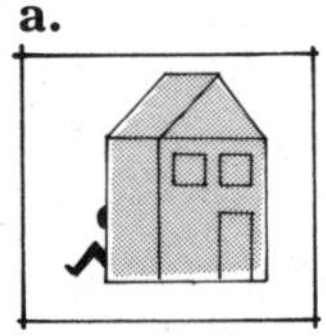

б.

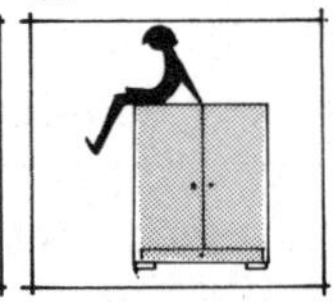

в.

г.

д.

е.

ж.

з.

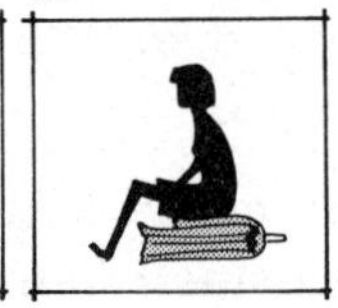

и.

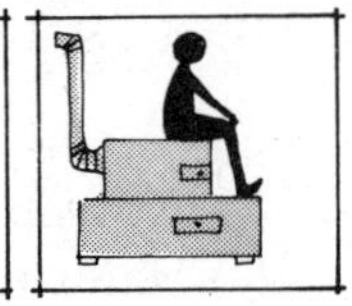

*10.

Я хочу́ мя́со. — Вот вам кусо́к мя́са. Я хочу́ бутербро́д. — Вот вам бутербро́д с сы́ром.

а. чай **б.** молоко́ **в.** бутербро́д **г.** шкаф **д.** ко́фе **е.** бифште́кс **ж.** сала́т **з.** вино́ **и.** шпро́ты **й.** шампа́нское **к.** сарди́ны **л.** квас

*11.

Вот вам буты́лка во́дки и стака́н. Э́то всё? — Извини́те, но э́то не всё. Ещё, пожа́луйста, заку́ску.

а. Вот вам журна́л и газе́та. Э́то всё? — . . . **б.** хлеб и колбаса́ **в.** мя́со и карто́фель **г.** ча́шка кре́пкого ко́фе **д.** стул и телеви́зор **е.** моро́женое **ж.** шпро́ты и хлеб **з.** заку́ска и суп

12. Ergänzen Sie.

а. Га́ля и Вячесла́в ... в рестора́н поу́жинать. **б.** Они́ се́ли ... **в.** Вы уже́ вы́брали? — ... **г.** Официа́нт ушёл и че́рез мину́ту ... **д.** Заку́ски: икра́, ... **е.** супы́: борщ, ... **ж.** А соля́нки нет. А я хоте́ла как раз ... **з.** Вам с чем бифште́кс? С ... **и.** Э́то всё? — ... **й.** Э́то всё. — ...

*** 13. Verändern Sie den Inhalt des Textes von Lektion 6.**

(Zum Vergleich siehe Lektion 1, Übung 8.)

*** 14. Га́ля berichtet.**

Мы с Вячесла́вом пошли́ в рестора́н поу́жинать. Мы се́ли ...

Fahren Sie fort. (Zum Vergleich siehe Lektion 4, Übung 10.)

15. Lesen Sie, was der официа́нт aufgeschrieben hat.

а.

шпроты
с лимоном
борщ
котлета
с рисом
мороженое

б.

колбаса
щи
шашлык
фрукты
стакан водки

в.

бутерброд с икрой
бифштекс с рисом
фрукты
бутылка мин. воды

г.

салат
солянка
бифштекс с карт.
фрукты
чашка чая

д.

сардины в масле
бутерброд с икрой
бифштекс с рисом
бутылка шампанского

6

*** 16. Beantworten Sie folgende Fragen:**

а. Вам како́й суп? **б.** Вам како́й журна́л? **в.** Вам ко́фе и́ли чай? **г.** Вам како́й ко́фе? **д.** Вам каки́е проду́кты? **е.** Вам каки́е напи́тки? **ж.** Вам како́й за́втрак? **з.** Вам каки́е бутербро́ды? **и.** Вам како́й эта́ж? **й.** Вам како́й дом? **к.** Вам каки́е заку́ски?

*** 17.**

> У меня́ нет сы́ра. Что на́до сде́лать?
> — На́до купи́ть сыр.
> — На́до взять колбасу́.

а. ча́шка **б.** бума́га **в.** шампа́нское **г.** Я бо́лен(льна́). У меня́ нет лека́рства. **д.** бифште́кс **е.** моро́женое **ж.** жена́ **з.** чай **и.** спи́сок **й.** рис **к.** ку́хня **л.** сту́л **м.** телеви́зор **н.** стол **о.** са́хар **п.** холоди́льник **р.** стака́н

*** 18. Finden Sie eine passende Antwort.**

> Вы уже́ вы́брали? — Нет ещё. Мы то́лько что пришли́.
> Вы уже́ принесли́ лека́рство? — Нет ещё. Мы не нашли́ лека́рство.

а. заказа́ть блю́да **б.** купи́ть проду́кты **в.** отопи́ть ко́мнату **г.** поу́жинать **д.** найти́ ключ **е.** принести́ па́чку ча́я **ж.** взять ключ **з.** попроси́ть де́душку **и.** написа́ть спи́сок

*** 19.**

> На десе́рт мне, пожа́луйста, све́жие фру́кты.

а. На десе́рт мне, пожа́луйста, ... **б.** На за́втрак мне, пожа́луйста, ... **в.** На у́жин мне, пожа́луйста, ...

*** 20. Stellen Sie Fragen und geben Sie eine passende Antwort.**

> У вас есть са́хар? — Есть. У меня́ (нас) есть мно́го са́хара.
> — Я до́лжен(жна́) посмотре́ть в ку́хне (в шкафу́).

— Нет, у меня́ нет са́хара.
— Нет, я до́лжен(жна́) купи́ть са́хар.
— Нет. А, мо́жет быть, у сосе́да есть.

а. шампа́нское **б.** ма́сло **в.** ресторáн **г.** газе́та **д.** ча́шки **е.** суп **ж.** больша́я ко́мната **з.** дом **и.** заку́ски **й.** экскурсово́д **к.** карто́фель **л.** ключ **м.** конья́к **н.** молоко́

7* 1. Ужин

1

2

3

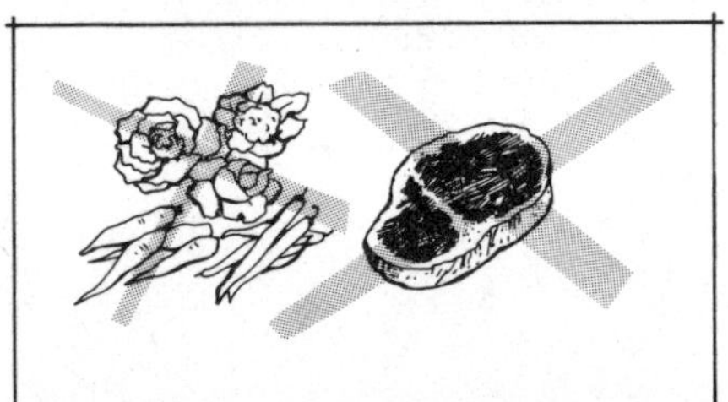

4

5

6

7

8

9

2.

> У меня́ вку́сный бифште́кс. — Мой бифште́кс то́же вку́сный.
> У тебя́ хоро́шая (больша́я) су́мка. — Твоя́ су́мка то́же хоро́шая (больша́я).

а. У тебя́ хоро́шие ло́жки. **б.** У меня́ большо́й телеви́зор. **в.** У тебя́ больша́я кварти́ра. **г.** У меня́ больша́я ко́мната. **д.** У вас хоро́шая плита́. **е.** У тебя́ хоро́шее вино́. **ж.** У тебя́ большо́й холоди́льник. **з.** У вас большо́й стол. **и.** У меня́ хоро́шее моро́женое. **й.** У меня́ больши́е кре́сла.

3.

> Борщ был вку́сный. — Что бы́ло вку́сно?
> Людми́ла купи́ла мя́со. — Кто купи́л мя́со?
> Вино́ хоро́шее. — Что хорошо́?

а. Ры́ба вку́сная. **б.** У́жин был вку́сный. **в.** Людми́ла съе́ла гото́вый борщ. **г.** Ни́на больна́. **д.** Спи́сок пра́вильный. **е.** Ло́жки лежа́ли наверху́ в шкафу́. **ж.** Бори́с и Людми́ла уже́ поза́втракали. **з.** Рабо́та была́ проста́я. **и.** Таре́лки стоя́ли внизу́ в шкафу́.

4.

Что бы́ло на столе́? — На столе́ лежа́ли журна́лы.

а.

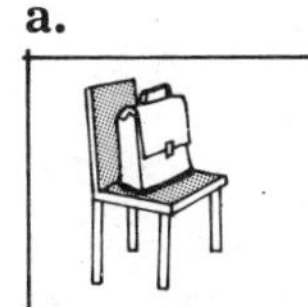

б.

в.

г.

д.

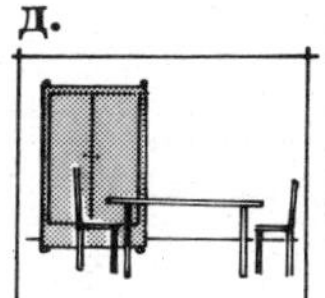

е.

ж.

5.

Я хоте́л(а) съесть борщ. — Но у меня́ борща́ не́ было. Я хочу́ пить вино́. — Но у меня́ вина́ нет. А у вас есть вино́? Я хочу́ откры́ть дверь. — Но у меня́ нет ключа́. А у вас есть ключ?

а. Я хоте́л(а) съесть колбасу́. **б.** Я хочу́ вы́пить молоко́. **в.** Я хочу́ вы́пить чай. **г.** Я хоте́л(а) съесть сала́т. **д.** Я хочу́ съесть котле́ту. **е.** Я хоте́л(а) пойти́ в магази́н. **ж.** Я хочу́ пригото́вить бутербро́ды. **з.** Я хоте́л(а) взять ключ. **и.** Я хочу́ пригото́вить борщ. **й.** Я хоте́л(а) отопи́ть ко́мнату. **к.** Я хочу́ посмотре́ть в газе́те. **л.** Я хоте́л(а) разогре́ть суп. **м.** Я хоте́л(а) сесть. **н.** Я хоте́л(а) принести́ икру́. **о.** Я хоте́л(а) написа́ть спи́сок. **п.** Я хочу́ поза́втракать.

***6.**

Борщ гото́в? — Нет. Я не успе́л(а) пригото́вить борщ. Суп гото́в? — Нет. У меня́ не́ было мя́са.

а. Спи́сок гото́в? **б.** Вы заказа́ли? **в.** У́жин гото́в? **г.** У вас есть ключ? **д.** Ка́ша гото́ва? **е.** У вас есть газе́та? **ж.** За́втрак гото́в? **з.** Га́ля сходи́ла в теа́тр? **и.** Га́ля уже́ до́ма? **й.** У Ни́ны есть лека́рство? **к.** Шашлы́к гото́в? **л.** Вы принесли́ бума́гу?

7.

Вчера́ мы хоте́ли войти́ в дом. — Но не вошли́. А сего́дня войдём. Вчера́ мы хоте́ли пригото́вить соля́нку. — Но не пригото́вили. А сего́дня пригото́вим.

а. спроси́ть ба́бушку **б.** сде́лать поку́пки **в.** разогре́ть борщ **г.** отве́тить **д.** вы́брать **е.** посмотре́ть **ж.** э́то сказа́ть **з.** принести́ сту́лья **и.** попроси́ть де́душку **й.** сесть **к.** заказа́ть стол **л.** купи́ть телеви́зор **м.** найти́ ключ **н.** вы́пить во́дку **о.** сходи́ть в теа́тр **п.** откры́ть буты́лку **р.** нача́ть **с.** пригото́вить щи **т.** съесть соля́нку **у.** взять ключ **ф.** прийти́

8.

Я ви́дел(а) Со́ню из магази́на. — Но она́ в магази́н не вошла́. Я ви́дел(а) госпожу Берг из ку́хни. — Но она́ в ку́хню не вошла́.

а. Мари́я Макси́мовна/ рестора́н **б.** де́душка/ ко́мната **в.** Мари́на Ка́рловна/ теа́тр **г.** Людми́ла/ дом **д.** ба́бушка и де́душка/ кварти́ра

9.

Людми́ла не купи́ла о́вощи. — А Бори́с не знал, что Людми́ла не купи́ла о́вощи. Вячесла́в уже́ вы́брал. — А Га́ля не зна́ла, что Вячесла́в уже́ вы́брал.

а. Бори́с пришёл домо́й в пять часо́в. **б.** Людми́ла купи́ла буты́лку кра́сного вина́. **в.** Бори́с разогре́л гото́вый борщ. **г.** Бори́с накры́л на стол. **д.** Людми́ла заказа́ла второ́й шкаф.

10.

Вы купи́ли проду́кты? — Нет, не купи́л(а). Вы не накры́ли на стол? — Нет, накры́л(а).

а. Вы уви́дели Ни́ну? **б.** Вы не спроси́ли Со́ню? **в.** Вы успе́ли на рабо́ту? **г.** Вы вы́брали? **д.** Вы не отопи́ли ко́мнату? **е.** Вы нашли́ ключ? **ж.** Вы не посмотре́ли в ку́хне? **з.** Вы не принесли́ бума́ги? **и.** Вы на́чали?

11.

Э́то вку́сно? — Ещё бы! Коне́чно, вку́сно. Ма́сло в холоди́льнике? — Ещё бы! Коне́чно, в холоди́льнике.

а. Э́то я́сно? **б.** Таре́лки в шкафу́? **в.** Вы э́то зна́ли? **г.** Всё гото́во? **д.** Ко́фе кре́пкий? **е.** Вы успе́ли пригото́вить борщ? **ж.** У вас есть телеви́зор? **з.** Сарди́ны в ма́сле? **и.** Вы сходи́ли в теа́тр? **й.** Э́то све́жие о́вощи? **к.** Э́то пра́вильно? **л.** Вы э́то сказа́ли? **м.** В ку́хне есть сту́лья? **н.** Вы уви́дели Мари́ю Макси́мовну? **о.** Шпро́ты с лимо́ном? **п.** У вас есть нож?

***12.**

Людми́ла вошла́ в ко́мнату. — В ко́мнате она́ уви́дела кастрю́лю. Ива́н Степа́нович откры́л холоди́льник. — В холоди́льнике он уви́дел буты́лку вина́.

а. кварти́ра **б.** рестора́н **в.** шкаф **г.** ку́хня **д.** су́мка **е.** дом **ж.** теа́тр **з.** магази́н

13.

Где ма́сло?
— Наверху́ в холоди́льнике.

Где фами́лия?
— Внизу́ в спи́ске.

а.

Где фами́лия Мари́и Ка́рловны?

б.

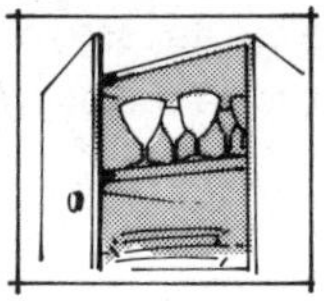

Где стака́ны?

в.

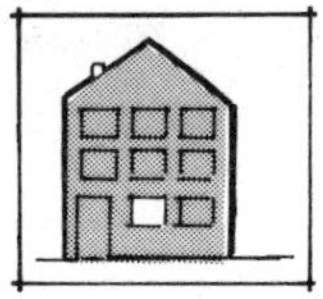

Где ко́мната Бори́са?

г.

Где Бо́ря?

д.

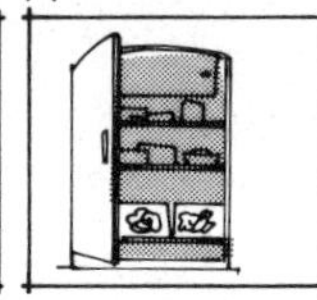

Где о́вощи?

е.

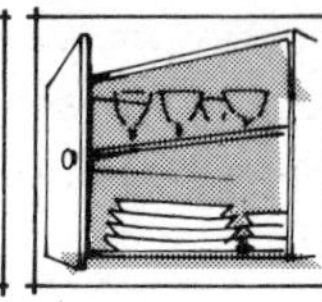

Где таре́лки?

14.

«До́брый ве́чер, Бо́ря,» . . . сказа́ла Людми́ла. «Бо́ря, а что в кастрю́ле?» . . . спроси́ла Людми́ла.

а. «Борщ? Ты пригото́вил борщ?» . . . **б.** «А почему́ нет?» . . . **в.** «И ты накры́л на стол?» . . . **г.** «И на стол накры́л я,» . . . **д.** «Но ведь ты не знал, где была́ посу́да» . . . **е.** «Нет, знал,» . . . **ж.** «Но как же ты успе́л купи́ть мя́со?» . . . **з.** «Я не покупа́л,» . . . **и.** «О́чень про́сто! Пригото́вили на фа́брике,» . . . **й.** «А э́то вку́сно?» . . . **к.** «Ещё бы! Коне́чно, вку́сно,» . . . **л.** «Бо́ря, а я купи́ла буты́лку кра́сного вина́,» . . . **м.** «Вот здо́рово!» . . .

15. Ergänzen Sie.

а. Вчера́ по́сле рабо́ты Бори́с пришёл домо́й уже́ в пять часо́в, а Людми́ла . . . **б.** Людми́ла вошла́ в ко́мнату. На столе́ она́ уви́дела . . . **в.** В шкафу́ наверху́ лежа́ли . . ., а внизу́ . . . **г.** Но ведь ты не знал, где бы́ли о́вощи. — . . . **д.** Пригото́вили борщ на . . . **е.** Я купи́л гото́вый борщ и про́сто . . . **ж.** Хорошо́, на у́жин съеди́м твой борщ и . . .

16. Beantworten Sie folgende Fragen:

а. Когда́ пришёл домо́й Бори́с? **б.** А Людми́ла? **в.** Где пригото́вили борщ? **г.** Где была́ посу́да? **д.** Что принесла́ домо́й Людми́ла? **е.** Что она́ уви́дела в ко́мнате? **ж.** Кто накры́л на стол?

***17. Beantworten Sie folgende Fragen:**

а. Что вы сего́дня вы́пили? **б.** Что вы сего́дня пригото́вили? **в.** Что вы сего́дня съе́ли? **г.** Когда́ вы сего́дня пришли́? **д.** Что вы сего́дня принесли́?

***18. Was werden Sie tun?**

Де́душка принёс буты́лку пи́ва, а не буты́лку кефи́ра. — Тогда́ мы попро́сим де́душку ещё раз сходи́ть в магази́н.

а. Жена́ не успе́ла купи́ть о́вощи. **б.** У вас нет вина́. **в.** У́жин гото́в. **г.** Борщ не вку́сный. **д.** Пришёл де́душка. **е.** Вы не взя́ли ключ. **ж.** Буты́лка во́дки в холоди́льнике. **з.** Ма́сло не в холоди́льнике. **и.** В меню́ нет соля́нки. **й.** по́сле у́жина **к.** по́сле рабо́ты **л.** по́сле теа́тра

***19. Beantworten Sie folgende Fragen:**

а. Почему́ Бори́с кри́кнул: «Вот здо́рово!»? **б.** Почему́ Га́ля взяла́ борщ? **в.** Почему́ Га́ля и Вячесла́в ещё не вы́брали? **г.** Почему́ Ни́на ду́мала, что лека́рство в шкафу́? **д.** Почему́ Ви́ктор Петро́вич поу́жинал у Ива́на Степа́новича? **е.** Почему́ Ди́тер Бе́ргер в Москве́?

***20.**

Когда́ на́до сказа́ть «спаси́бо»? — По́сле у́жина (угоще́ния). Когда́ на́до за́втракать? — В во́семь часо́в утра́.

а. у́жинать **б.** нача́ть рабо́ту **в.** смотре́ть телеви́зор **г.** уйти́ в теа́тр **д.** пойти́ домо́й **е.** пить ко́фе **ж.** купи́ть газе́ту **з.** прийти́ **и.** откры́ть дверь **й.** войти́ в теа́тр

7 * 21. Два телеви́зора

1

Бори́с и Людми́ла смотре́ли телеви́зор.

2

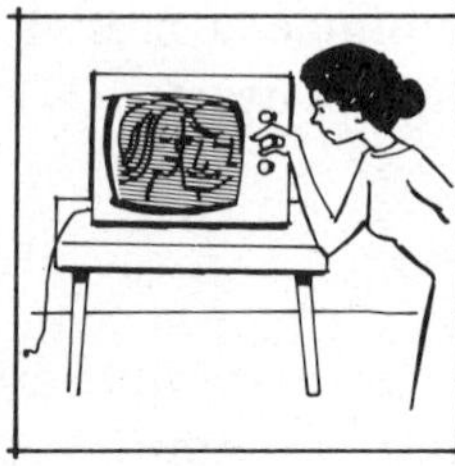

Людми́ла хоте́ла смотре́ть фильм.

3

Бори́с хоте́л смотре́ть спорт.

4

5

6

7

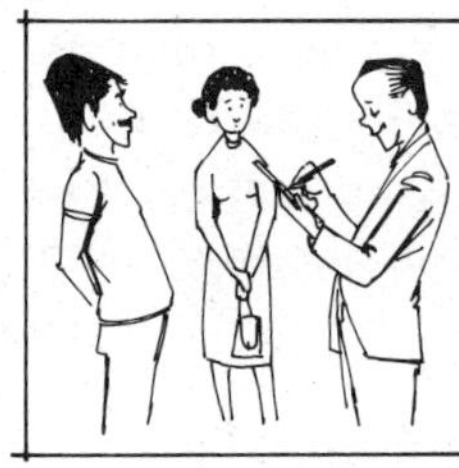

8

9

10

11

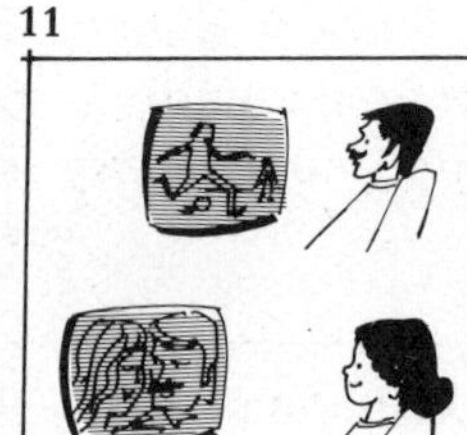

*1. Прямо́й рейс во Фра́нкфурт-на-Ма́йне

1

2

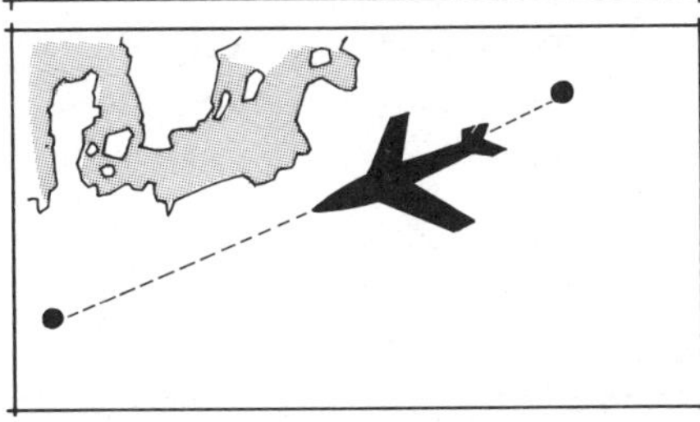

3

4

5

6

7

8

9

10

11

2.

> Сего́дня у нас бы́ло совеща́ние. — У нас то́же бы́ли совеща́ния вчера́ и сего́дня.
> Я купи́л(а) сего́дня су́мку. — Мы то́же купи́ли су́мки.

а. Я привёз(ла́) сувени́р. **б.** У меня́ па́мятка. **в.** Я сде́лал(а) экску́рсию. **г.** Моё блю́до бы́ло вку́сное. **д.** У меня́ был прямо́й рейс. **е.** У меня́ бы́ло свида́ние. **ж.** У меня́ секрета́рь-машини́стка. **з.** Моя́ жена́ больна́. **и.** Моя́ фами́лия ру́сская. **й.** У меня́ есть па́спорт. **к.** Мой сосе́д пенсионе́р. **л.** Моё окно́ у́зкое. **м.** Мы положи́ли стекло́ на стол.

3.

> Вас спроси́ли, . . . но вы не отве́тили.
> Ни́ну спроси́ли, . . . но она́ не отве́тила.

а. Нас спроси́ли, . . . **б.** Мари́ну Ка́рловну . . . **в.** Тебя́ . . . **г.** Де́душку . . . **д.** Вас . . . **е.** Га́лю . . . **ж.** Меня́ . . .

4.

> Я э́то зна́л(а). — Но меня́ не спроси́ли.
> Людми́ла э́то зна́ла. — Но Людми́лу не спроси́ли.

а. Татья́на Ива́новна **б.** вы **в.** де́душка **г.** я **д.** Мари́я Макси́мовна **е.** мы **ж.** Га́ля **з.** ты

5.

> Рабо́та Ю́рия Андре́евича хоро́шая. — А на́ша рабо́та?
> Самолёт Ю́рия Андре́евича прилети́т в 11 ч. — А наш самолёт?

а. гости́ница **б.** экскурсово́д **в.** вино́ **г.** сту́лья **д.** кварти́ра **е.** телеви́зор **ж.** стака́н **з.** шампа́нское

6. | Татья́на Ива́новна заказа́ла для вас такси́. — Вы бу́дете в аэропорту́ в во́семь часо́в.
Татья́на Ива́новна заказа́ла для Ива́на Степа́новича такси́. — Он бу́дет в аэропорту́ в во́семь часо́в.

а. Мари́я Макси́мовна **б.** я **в.** Ви́ктор Петро́вич **г.** Ни́на Бори́совна **д.** вы **е.** Вячесла́в **ж.** мы

7. | Вы привезёте сувени́р? — Я привезу́ сувени́р, а Ви́ктор не привезёт.
Вы ку́пите телеви́зор? — Я куплю́ телеви́зор, а Бори́с не ку́пит.

а. успе́ть в теа́тр **б.** спроси́ть Татья́ну Ива́новну **в.** заказа́ть десе́рт **г.** положи́ть па́спорт в су́мку **д.** пообе́дать в рестора́не **е.** пое́хать в Москву́ **ж.** прилете́ть в шесть часо́в **з.** не забы́ть принести́ журна́л **и.** сходи́ть в теа́тр **й.** быть до́ма **к.** сесть **л.** сде́лать экску́рсию **м.** уйти́ в шесть часо́в **н.** съесть заку́ску **о.** нача́ть сего́дня **п.** вы́пить стака́н ча́я

8. | Когда́ вы спро́сите Ни́ну? — Я то́лько что спроси́л Ни́ну.

а. взять ключ **б.** вы́пить стака́н ча́я **в.** нача́ть **г.** накры́ть **д.** отве́тить **е.** принести́ сту́лья **ж.** написа́ть па́мятку **з.** сказа́ть «спаси́бо» **и.** пойти́ в магази́н **й.** съесть заку́ску **к.** поу́жинать **л.** поза́втракать

9. | Вчера́ вы заказа́ли борщ. — А что вы зака́жете сего́дня?
Вчера́ я съе́л(а) котле́ту. — А что я съем сего́дня?
Вчера́ Бори́с поу́жинал у Со́ни. — А где он поу́жинает сего́дня?

а. Вчера́ вы сходи́ли в теа́тр. **б.** Вчера́ Ю́рий Андре́евич прие́хал на такси́. **в.** Вчера́ сходи́ла в магази́н Мари́я Макси́мовна. **г.** Вчера́ я пообе́дал(а) в гости́нице. **д.** Вчера́ мы пригото́вили борщ. **е.** Вчера́ Людми́ла Петро́вна поу́жинала в семь часо́в. **ж.** Вчера́ я вы́брал(а) э́то блю́до. **з.** Вчера́ вы привезли́ сувени́р. **и.** Вчера́ я встре́тил(а) вас. **й.** Вчера́ мы на́чали в де́вять часо́в.

10.

> Что вы привезёте? — Я ничего́ не привезу́.
> Что вы написа́ли? — Я ничего́ не написа́л(а).

а. Что вы возьмёте? **б.** Что вы сде́лали? **в.** Что вы купи́ли? **г.** Что вы ска́жете? **д.** съеди́те **е.** принесли́ **ж.** отве́тите **з.** нашли́ **и.** вы́пьете **й.** разогре́ете **к.** слы́шали **л.** привезли́ **м.** уви́дите

11.

> У меня́ есть биле́т. — А у меня́ нет биле́та.
> У меня́ не бу́дет биле́та. — А у меня́ бу́дет биле́т.
> У меня́ не́ было биле́та. — А у меня́ был биле́т.

а. ... есть па́мятка. **б.** ... бу́дет совеща́ние. **в.** ... не́ было ключа́. **г.** ... нет ви́зы. **д.** ... прямо́й рейс. **е.** ... был экскурсово́д. **ж.** ... бу́дет кварти́ра. **з.** ... нет ма́сла. **и.** ... нет телеви́зора. **й.** ... не́ было плиты́. **к.** ... была́ ба́бушка. **л.** ... не бу́дет па́спорта. **м.** ... есть у́голь. **н.** ... бу́дет ко́мната.

12.

> Я положи́л(а) биле́т под па́спорт. — Биле́т до́лжен лежа́ть под па́спортом.
> Я поста́вил(а) буты́лку под стол. — Буты́лка должна́ стоя́ть под столо́м.

а. Я положи́л(а) докуме́нты под стекло́. **б.** Я поста́вил(а) кастрю́лю на плиту́. **в.** Я положи́л(а) газе́ту за телеви́зор. **г.** Ма́ма принесла́ за́втрак в ко́мнату. **д.** Я поста́вил(а) буты́лку за кре́сло. **е.** Я положи́л(а) кусо́к мя́са на таре́лку. **ж.** Я положи́л(а) па́мятку под ча́шку. **з.** Я положи́л(а) журна́л в кре́сло. **и.** Я поста́вил(а) лека́рство на телеви́зор. **й.** Вячесла́в пошёл в рестора́н. **к.** Я поста́вил(а) су́мку под стол. **л.** Ба́бушка и де́душка пошли́ за дом.

13. Benutzen Sie die Präpositionen «в», «на», «под», «за».

Су́мка на столе́.

а.

Буты́лка . . .

б.

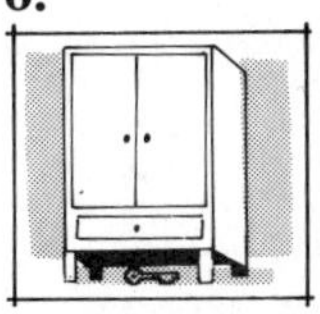

в.

г.

д.

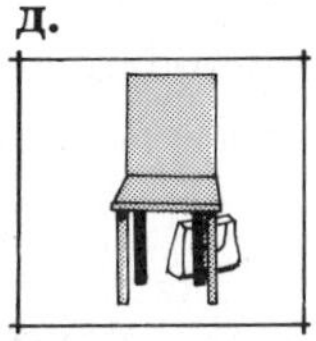

е.

ж.

14.

Когда́ вы принесёте сту́лья? — (15/V) Я принесу́ сту́лья пятна́дцатого ма́я. Когда́ вы бы́ли у Мари́и Макси́мовны? — (22/V) Я был(а́) у Мари́и Макси́мовны два́дцать второ́го ма́я.

а. Когда́ вы бу́дете в Ленингра́де? (21/V) **б.** Когда́ вы привезёте шкаф? (27/V) **в.** Когда́ вы прилете́ли? (16/V) **г.** Когда́ вы на́чали? (14/V) **д.** Когда́ вы прилети́те? (25/V) **е.** Когда́ вы бы́ли во Фра́нкфурте-на-Ма́йне? (29/V) **ж.** Когда́ вы придёте? (10/V) **з.** Когда́ вы пойдёте в теа́тр? (22/V) **и.** Когда́ вы пое́хали в Ки́ев? (12/V) **й.** Когда́ вы спроси́ли Татья́ну Ива́новну? (28/V)

15.

Вы хоте́ли пойти́ в теа́тр. — Пойдёте ли вы в теа́тр?

а. пое́хать в Москву́ **б.** пригото́вить борщ **в.** успе́ть на самолёт **г.** встре́тить Мари́ю Макси́мовну в аэропорту́ **д.** нача́ть сего́дня

8 * **16.**

> Бори́с пригото́вил борщ, . . . что́бы съесть на у́жин.
> Татья́на Ива́новна написа́ла па́мятку, . . . что́бы Ю́рий Андре́евич ничего́ не забы́л.

а. Татья́на Ива́новна положи́ла па́мятку под стекло́, . . . **б.** Официа́нт подошёл, . . . **в.** Ба́бушка написа́ла спи́сок, . . . **г.** Ю́рий Андре́евич поéхал в аэропо́рт на такси́, . . . **д.** Я кри́кнул, . . . **е.** Мари́я Макси́мовна взяла́ ключ, . . . **ж.** Татья́на Ива́новна заказа́ла такси́, . . . **з.** Ба́бушка доста́ла проду́кты из су́мки, . . . **и.** Га́ля и Вячесла́в пошли́ в рестора́н, . . . **й.** Ива́н Степа́нович откры́л дверь, . . .

17.

> Ни́на принесла́ э́тот журна́л. — Э́то журна́л Ни́ны?

а. Татья́на Ива́новна принесла́ э́тот сувени́р. **б.** Вячесла́в/ газе́та **в.** Мари́я Макси́мовна/ су́мка **г.** Ни́на Бори́совна/ лека́рство

* **18.**

> Где мой па́спорт? — Вы, наве́рное, положи́ли па́спорт под биле́т.
> Где лека́рство? — Вы, наве́рное, поста́вили лека́рство в су́мку.
> Су́мка в ку́хне на полу́.

а. па́мятка **б.** нож **в.** ключ **г.** докуме́нты **д.** стака́н **е.** су́мка **ж.** биле́т **з.** бума́га **и.** секрета́рь-машини́стка **й.** кусо́к мя́са

19. Ergänzen Sie.

а. Ну, как на́ши дела́? — Всё . . . **б.** Пообе́даете в гости́нице и . . . **в.** В аэропорту́ вас встре́тит . . . **г.** Где мой па́спорт? — Вы, наве́рное, . . . **д.** Успе́ю ли я на самолёт? — . . . **е.** Вы не забу́дете привезти́ мне сувени́р? — . . . **ж.** До свида́ния, Ю́рий Андре́евич, и . . .

20. Beantworten Sie folgende Fragen:

а. Кто Татья́на Ива́новна? **б.** Каки́е докуме́нты у Ю́рия Андре́евича? **в.** Когда́ прилети́т самолёт Ю́рия Андре́евича во Фра́нкфурт-на-Ма́йне? **г.** У Ю́рия Андре́евича бу́дет экску́рсия? **д.** Что сде́лает Ю́рий Андре́евич во Фра́нкфурте-на-Ма́йне? **е.** Почему́ Татья́на Ива́новна написа́ла па́мятку? **ж.** Почему́ Ю́рий Андре́евич не нашёл па́спорт? **з.** Успе́ет ли Ю́рий Андре́евич на самолёт? **и.** Когда́ бу́дет Ю́рий Андре́евич в Москве́? **й.** Ю́рий Андре́евич забу́дет привезти́ сувени́р для Татья́ны Ива́новны? **к.** Ю́рий Андре́евич почти́ уже́ ушёл. Что тогда́ сказа́ла Татья́на Ива́новна?

21. Ю́рий Андре́евич ist aus Frankfurt zurückgekehrt. Versuchen Sie Татья́на Ива́новна's Fragen zu beantworten (für Ю́рий Андре́евич).

а. Здра́вствуйте, Ю́рий Андре́евич. — . . .
б. Вы привезли́ сувени́р?
в. Кака́я у вас была́ экску́рсия? — . . .
г. Вы ничего́ не забы́ли? — . . .
д. Кака́я у вас была́ гости́ница во Фра́нкфурте-на-Ма́йне? — . . .
е. А дела́, как? — . . .
ж. Вы посмотре́ли фа́брику? — . . .
з. Что вы пи́ли во Фра́нкфурте-на-Ма́йне? — . . .
и. У́жин был вку́сный? — . . . А что бы́ло здесь?
й. . . . — Ой, я забы́л. У меня́ ещё есть ключ из гости́ницы во Фра́нкфурте-на-Ма́йне.

***22. Ю́рий Андре́евич berichtet nach seiner Rückkehr seiner Frau von seiner Reise.**

Татья́на Ива́новна всё пригото́вила: па́спорт с ви́зой, бро́ню на гости́ницу, биле́т на самолёт. . . .

***23.**

Э́то ваш ключ?	— Нет, не мой.
	— Нет, мой ключ до́ма.
	— Нет, моя́ жена́ взяла́ мой ключ.
	— Нет, я не взял ключ.
	— Да, мой.

а. лека́рство **б.** газе́та **в.** ко́мната **г.** сосе́д **д.** меню́ **е.** дверь **ж.** такси́ **з.** па́мятка **и.** су́мка **й.** буты́лка **к.** сувени́р **л.** таре́лка **м.** кварти́ра

8 * 24. **Beschreiben Sie den Tagesablauf Ihres Chefs mit Hilfe der Merkzettel.**

а.

завтрак 8ч.
бумаги 9ч.
совещание 10ч.
обед (ресторан) 13ч.
аэропорт (М.М.) 15ч.
ужин 18ч.

б.

Ганновер 10ч.
такси
фабрика
обед 12ч.
дома 14ч./15ч.
совещание 15ч.
жена (сумка) 17ч.
ужин 19ч.
театр 20ч.

* 25. **Schreiben Sie Ihren eigenen Merkzettel für den morgigen Tag.**

* 26. **Beantworten Sie folgende Fragen:**

а. Когда́ у вас за́втрак? **б.** Когда́ у вас у́жин? **в.** У вас есть секрета́рь-машини́стка? **г.** У вас есть па́спорт? **д.** Вы уже́ бы́ли во Фра́нкфурте-на-Ма́йне?

* 27. **В Герма́нии**

1

Ю́рий Андре́евич взял докуме́нты.

2

Ю́рий Андре́евич прие́хал в аэропо́рт.

3

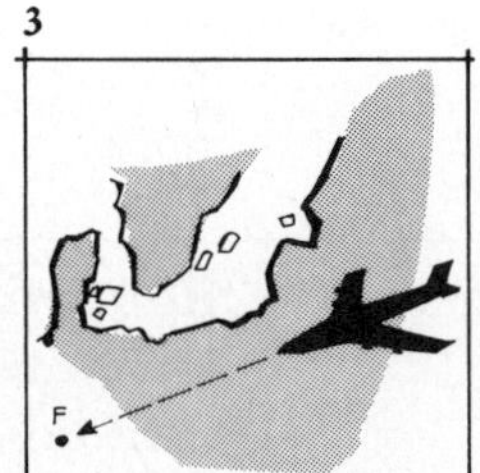

4

5

6

7

8

9

10

11

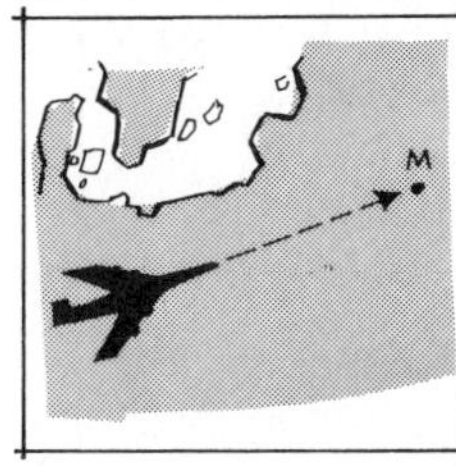

12

9 * 1. Нау́чный рабо́тник

1

2

3

4

5

6

7

8

9

10

2.

Мне бутербро́ды с ры́бой. — С ры́бой и ещё с чем? Я был(а́) в кафе́ с Лари́сой. — С Лари́сой и ещё с кем?

а. Со́ня была́ в кафе́ со Львом. **б.** Со́ня рабо́тает с Никола́ем. **в.** Мне бутербро́д с колбасо́й. **г.** Э́то гости́ница с рестора́ном. **д.** Лари́са спе́ла пе́сни с детьми́. **е.** Бу́дет у́жин с ча́ем. **ж.** Я был(а́) в магази́нах с О́лей. **з.** Я пообе́дал(а) с Татья́ной Ива́новной.

3.

Ива́н и Никола́й бы́ли в кафе́. — Ива́н был в кафе́ с Никола́ем? Оле́г и Ни́на бы́ли в кафе́. — Оле́г был в кафе́ с Ни́ной?

а. Лев и Со́ня бы́ли в кафе́. **б.** Лев и И́горь поза́втракали. **в.** Лари́са и де́ти бы́ли в магази́нах. **г.** Людми́ла и Татья́на Ива́новна бы́ли на стадио́не. **д.** Лари́са и Ви́ктор Петро́вич сходи́ли в теа́тр. **е.** Алёша и представи́тель фи́рмы пообе́дали. **ж.** Алёша и О́ля помы́ли посу́ду. **з.** Ива́н Степа́нович и Ю́рий Андре́евич пригото́вили у́жин. **и.** Бори́с Никола́евич и Алёша сходи́ли на стадио́н. **й.** Господи́н Кра́узе и госпожа́ Берг поу́жинали в рестора́не.

*** 4.**

Андре́й не пошёл в теа́тр. — У него́ не́ было биле́та. Людми́ла не пригото́вит борщ. — У неё нет мя́са.

а. Ви́ктор Петро́вич не откры́л дверь. **б.** Ива́н Бори́сович пойдёт в теа́тр оди́н. **в.** Мари́на Ка́рловна не купи́ла молоко́. **г.** Де́душка ничего́ не вы́пил. **д.** Де́ти забы́ли купи́ть кефи́р. **е.** Ба́бушка не возьмёт всё. **ж.** Лев не сел. **з.** Лари́са не отопи́ла ко́мнату. **и.** Я ещё не вы́брал(а).

й. Мы не успе́ли на самолёт. **к.** Лев и Лари́са не съе́ли колбасу́. **л.** Ива́н Ива́нович не постира́л бельё.

5.	Мы бы́ли с Алёшей в магази́нах. — Мы купи́ли для него́ спорти́вный костю́м. Мы бы́ли с О́лей в магази́нах. — Мы купи́ли для неё спорти́вный костю́м.

а. госпожа́ Ке́ллер **б.** Бори́с **в.** де́ти **г.** Людми́ла Никола́евна **д.** Ива́н Ива́нович **е.** О́ля и Алёша **ж.** муж **з.** господи́н Кра́узе

* **6.**	Вы съе́ли всё мя́со? — Нет, я съе́л(а) то́лько кусо́к мя́са (два куска́ мя́са).

а. Вы вы́пили всё молоко́? **б.** Вы взя́ли весь са́хар? **в.** Вы взя́ли все ключи́? **г.** Вы купи́ли все проду́кты? **д.** У вас есть все докуме́нты? **е.** Э́то все ва́ши де́ти? **ж.** Вы вы́пили всё вино́? **з.** Вы взя́ли все сту́лья? **и.** Вы вы́брали все блю́да? **й.** Вы вы́пили весь чай? **к.** Вы съе́ли всю ка́шу?

7.

Посу́ду помо́ет Ви́ктор. — Но он помы́л посу́ду уже́ вчера́. В кварти́ре уберу́ я. — Но вы убра́ли в кварти́ре уже́ вчера́.

а. Бельё постира́ю я. **б.** В кварти́ре уберёте вы. **в.** Пе́сню споёт Ни́на. **г.** Посу́ду помо́ем мы. **д.** Проду́кты поло́жит в холоди́льник Алёша. **е.** У́жин пригото́вите вы. **ж.** Сего́дня вы́беру я. **з.** Сего́дня пока́жет сувени́ры Татья́на Ива́новна. **и.** Сего́дня спро́сим мы.

8.

Ива́н не придёт на у́жин. — Он до́лжен уйти́ до у́жина.

а. за́втрак **б.** свида́ние **в.** десе́рт **г.** экску́рсия **д.** совеща́ние **е.** обе́д

9.

Я пришёл(шла́) из институ́та. — Вчера́ я не успе́л(а) пойти́ в институ́т. Я пришёл(шла́) с по́чты. — Вчера́ я не успе́л(а) пойти́ на по́чту.

а. магази́н № 9 **б.** фа́брика **в.** аэропо́рт **г.** библиоте́ка **д.** рестора́н **е.** стадио́н **ж.** гости́ница

10.

Ты рабо́тал(а) в институ́те? — Нет, я рабо́тал(а) не в институ́те. Ты был(а́) в кафе́ с Никола́ем? — Нет, я был(а́) в кафе́ не с Никола́ем.

а. уйти́ в 11 ч. **б.** быть на стадио́не с Алёшей **в.** положи́ть газе́ту на шкаф **г.** вы́пить ко́фе **д.** принести́ журна́л **е.** пообе́дать в рестора́не **ж.** заказа́ть соля́нку

11.

У нас есть икра́. — Све́жая? У нас есть хлеб. — Све́жий?

а. ры́ба **б.** щи **в.** сыр **г.** фру́кты **д.** пи́во **е.** о́вощи **ж.** кефи́р

9

12.

Э́та су́мка хоро́шая. — Все э́ти су́мки хоро́шие. Э́тот стака́н хоро́ший. — Все э́ти стака́ны хоро́шие.

а. пе́сня **б.** плита́ **в.** де́ло **г.** нож **д.** пла́тье **е.** нау́чный рабо́тник рабо́тает хорошо́ **ж.** кни́га **з.** экску́рсия **и.** стекло́ **й.** костю́м **к.** печь **л.** блу́зка **м.** вино́ **н.** рабо́та **о.** суп **п.** дом

*13.

Я купи́л(а), во-пе́рвых, су́мку, во-вторы́х, све́жий хлеб, . . ., в-тре́тьих, фру́кты.

а. постира́ть бельё/ помы́ть посу́ду/ . . . **б.** пригото́вить сала́т/ борщ/ . . . **в.** найти́ хлеб/ ма́сло/ . . . **г.** быть на рабо́те/ на стадио́не/ . . . **д.** посмотре́ть в шкафу́/ за телеви́зором/ . . . **е.** прийти́ Ива́н Ива́нович/ Мари́на Ка́рловна/ . . . **ж.** взять ключ/ су́мку/ . . .

*14.

Что́бы пригото́вить борщ, . . . на́до купи́ть о́вощи, пото́м на́до купи́ть мя́со, пото́м на́до принести́ мя́со и о́вощи домо́й, . . .

а. Чтбо́ы полете́ть в Москву́, . . . **б.** поу́жинать **в.** найти́ ключ **г.** услы́шать но́вое **д.** вы́брать блю́да **е.** накры́ть на стол

*15.

У Лари́сы есть ма́ленькие де́ти. — Поэ́тому она́ пока́ не рабо́тает. Па́спорт был под биле́том. — Поэ́тому Ю́рий Андре́евич не нашёл па́спорт.

а. Лари́са не зна́ла, почему́ Лев пришёл так по́здно. **б.** У Алёши не́ было спорти́вного костю́ма. **в.** Лари́са на нога́х весь день. **г.** Татья́на Ива́новна написа́ла для Ю́рия Андре́евича па́мятку. **д.** Татья́на Ива́новна о́чень хоте́ла сувени́р из Фра́нкфурта-на-Ма́йне. **е.** Татья́на Ива́новна заказа́ла такси́ ещё вчера́. **ж.** Людми́ла принесла́ буты́лку кра́сного вина́. **з.** Бори́с пришёл с рабо́ты домо́й уже́ в пять часо́в. **и.** У меня́ то́лько ма́ленький телеви́зор. **й.** Пла́тье нечи́стое. **к.** Я слы́шал(а), что вы специали́ст. **л.** Я пригото́вил борщ. **м.** Де́ти не зна́ли, что де́лать. **н.** Я вчера́ не успе́л(а) постира́ть бельё.

*16.

> Я убра́л(а́) в кварти́ре. — Ра́зве вы не заме́тили, что в кварти́ре чи́сто?
> Я накры́л(а) на стол. — Ра́зве вы не заме́тили, что на столе́ таре́лки?

а. Я помы́л(а) посу́ду. **б.** Я рабо́тал(а) мно́го. **в.** Я нашёл(шла́) ключ. **г.** Я купи́л(а) телеви́зор. **д.** Я попроси́л(а) де́душку сходи́ть для нас в магази́н. **е.** Су́мку взяла́ ба́бушка.

17. Пра́вильно и́ли непра́вильно?

а. Лев и Лари́са — муж и жена́. У них есть больши́е де́ти. **б.** Лари́са была́ весь день на стадио́не. **в.** Лари́са сдала́ бельё в библиоте́ку. **г.** По́сле обе́да Лев был в институ́те. **д.** Лев был в кафе́ с Никола́ем. **е.** Лари́са убрала́ в кварти́ре. **ж.** За́втрак пригото́вил Лев.

18. Ergänzen Sie.

а. И я уста́ла! — . . . **б.** Пото́м была́ в магази́нах и купи́ла оде́жду: пла́тье и блу́зку для О́ли, а для Алёши . . . **в.** До обе́да был в институ́те, пото́м . . . **г.** Ах, зна́чит, ты был в кафе́?! С кем? С Ива́ном? — . . . **д.** Да нет, не с Ни́ной. Я был в кафе́ с Со́ней. — . . . **е.** Лев нау́чный . . . **ж.** У Лари́сы есть де́ти. Поэ́тому она́ . . .

19. Beantworten Sie folgende Fragen:

а. Почему́ Лари́са пока́ не рабо́тает? **б.** Почему́ Лари́са уста́ла? **в.** Что де́лала Лари́са в ку́хне? **г.** Что де́лал Лев? **д.** Что де́лала Лари́са в библиоте́ке? **е.** Что де́лала Лари́са с детьми́? **ж.** Что де́лала Лари́са в магази́нах? **з.** Где рабо́тает Лев? **и.** С кем Лев был в кафе́? **й.** Лари́са зна́ла, что Лев был в кафе́ с Со́ней? **к.** Почему́ Лев пришёл домо́й по́здно?

*20. **Лев (Лари́са) расска́зывает.**

*21. **Stellen Sie das Gespräch dar, das zwischen Лев und Лари́са nach der Szene im Text von Lektion 9 stattfinden könnte.**

9 * 22. Лари́са ушла́

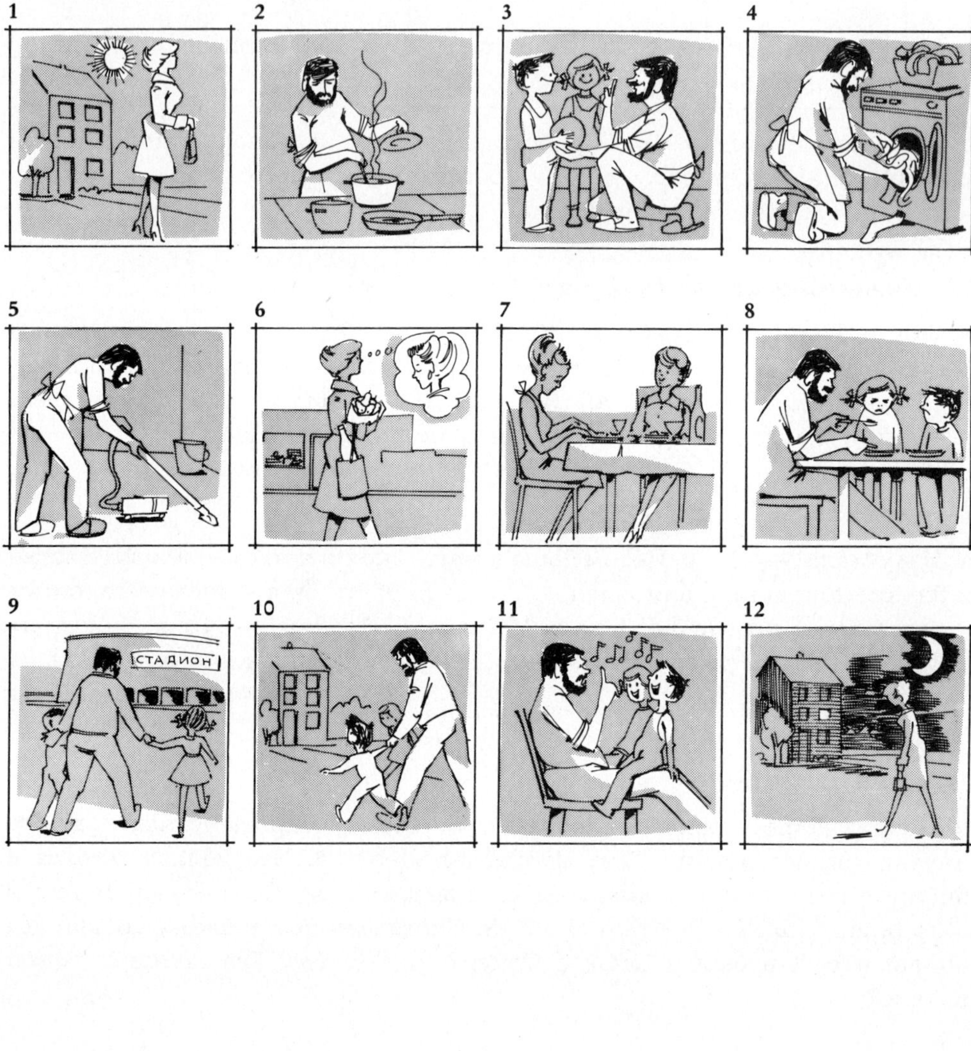

* 1. Ста́рые знако́мые

2.

Где Бори́с? — Я Бори́са не ви́дел(а).
Где мой журна́л? — Я ваш журна́л не ви́дел(а).

а. мой план **б.** Васи́лий **в.** моя́ газе́та **г.** мои́ брю́ки **д.** моя́ семья́ **е.** ма́льчик **ж.** моё лека́рство **з.** де́вочка **и.** мой знако́мый **й.** мой стака́н **к.** Лев **л.** моя́ секрета́рь-машини́стка **м.** мой де́душка **н.** моя́ дочь **о.** ключ **п.** моя́ жена́ **р.** моя́ кни́га **с.** на́ша о́бщая знако́мая

3.

Прие́хал Ива́н. — Он прие́хал оди́н и́ли с семьёй?
Прие́хали Вячесла́в и Га́ля. — Они́ прие́хали одни́ и́ли с детьми́?

а. Лари́са и Лев **б.** госпожа́ Кра́узе **в.** Васи́лий Ю́рьевич **г.** Оле́г и Ни́на **д.** Мари́я Макси́мовна **е.** Ю́рий Андре́евич

4.

Она́ рабо́тает секретарём-машини́сткой

а.

б.

в.

г.

д.

е.

ж.

з.

и.

5.

Как (живёт) семья́ Петра́ Рома́новича? — О семье́ он ничего́ не сказа́л.
Как (живёт) Га́ля? — О Га́ле он ничего́ не сказа́л.

а. жена́ **б.** учи́тель **в.** на́ши знако́мые **г.** инжене́р **д.** нау́чные рабо́тники **е.** семья́ **ж.** де́ти **з.** ма́льчик **и.** де́вочки **й.** И́горь **к.** но́вые учи́тельницы

6.

Я ви́дел(а) Бори́са. — Вы то́же ви́дели его́? Я был(а́) у Ни́ны. — Вы то́же бы́ли у неё? Я пе́л(а) пе́сни с детьми́. — Вы то́же пе́ли с ни́ми пе́сни?

а. Я ви́дел(а) Со́ню. **б.** Я был(а́) у Петра́ Рома́новича. **в.** Я был(а́) у Га́ли и Вячесла́ва. **г.** Я спроси́л(а) Ю́рия Андре́евича. **д.** Я ви́дел(а) но́вое пла́тье О́ли. **е.** Я был(а́) у Татья́ны Ива́новны **ж.** Я ви́дел(а) Мари́ю Макси́мовну и Ви́ктора Петро́вича. **з.** Я сходи́л(а) с О́лей и Алёшей на стадио́н.

7.

Ты то́же был(а́) в теа́тре. — Я ви́дел(а) тебя́. Я то́же был(а́) в теа́тре. — Вы ви́дели меня́? Ни́на то́же была́ в теа́тре. — Вы ви́дели её?

а. мы **б.** Оле́г Бори́сович **в.** я **г.** Алёша и О́ля **д.** вы **е.** Лари́са Никола́евна **ж.** ты

8.

Мы разгова́ривали об Оле́ге. — О ком вы ещё разгова́ривали? Мы ви́дели Оле́га. — Кого́ вы ещё ви́дели?

а. Мы разгова́ривали о самолётах. **б.** Мы ви́дели Ни́ну Бори́совну. **в.** Мы принесли́ журна́л. **г.** Ви́ктор рабо́тал официа́нтом. **д.** Я поду́мал(а) о Петре́ Рома́новиче. **е.** Я пью чай с са́харом. **ж.** Ни́на больна́. **з.** Мы спроси́ли Васи́лия Степа́новича. **и.** Мы разгова́ривали о Со́не. **й.** Мы пе́ли с Со́ней. **к.** Мы слы́шали о но́вых пла́нах. **л.** Э́то хорошо́.

9.

Я постира́ю бельё. — Ты постира́ешь бельё со мной? Я схожу́ в магази́н № 8. — Ты схо́дишь в магази́н № 8 со мной?

а. помы́ть посу́ду **б.** посмотре́ть в ку́хне **в.** привезти́ сту́лья **г.** спроси́ть учи́теля **д.** накры́ть на стол **е.** пое́хать в Ту́лу **ж.** убира́ть в кварти́ре **з.** вы́брать брю́ки **и.** пообе́дать **й.** сходи́ть на стадио́н **к.** пригото́вить у́жин

10. Вы вы́брали блю́да? — Нет, я всё ещё выбира́ю.
Ви́ктор спел пе́сню? — Нет, он всё ещё поёт.

а. вы// стира́ть/ постира́ть бельё **б.** Ю́рий Андре́евич// зака́зывать/ заказа́ть всё **в.** вы// за́втракать/ по- **г.** Татья́на Ива́новна// писа́ть/ написа́ть спи́ски **д.** Алёша// брать/ взять все фру́кты **е.** вы// есть/ съесть десе́рт **ж.** ба́бушка// пить/ вы́пить ча́шку ча́я **з.** вы// обе́дать/ по-

11. Э́то моя́ шко́ла. — Э́то шко́ла, где я рабо́таю.
Э́то заво́д Ива́на. — Э́то заво́д, где рабо́тает Ива́н.

а. апте́ка О́льги **б.** твой рестора́н (?) **в.** магази́н Мари́и Оле́говны **г.** ва́ша шко́ла (?) **д.** заво́д Оле́га **е.** мой эта́ж **ж.** наш теа́тр **з.** гости́ница Ю́рия Андре́евича **и.** моя́ библиоте́ка **й.** ва́ша фа́брика (?) **к.** твой институ́т (?) **л.** на́ша по́чта

*** 12.** Когда́ вы ви́дели сы́на? — Совсе́м неда́вно.
Вы уже́ давно́ живёте здесь?
— Да, уже́ давно́.
— Нет, то́лько неда́вно живу́ здесь.

а. Ваш дире́ктор уже́ давно́ дире́ктор? **б.** Вы давно́ жена́ты? **в.** Вы давно́ рабо́таете там, где вы тепе́рь рабо́таете? **г.** Вы давно́ хо́дите в э́тот рестора́н? **д.** У вас давно́ телеви́зор? **е.** Вы давно́ живёте одни́? **ж.** Вы давно́ больны́? **з.** Чай давно́ гото́в? **и.** Когда́ вы прие́хали сюда́?

*** 13.** Дава́йте зайдём. — Я не про́тив. Я хочу́ посмотре́ть ва́шу шко́лу.
Дава́йте помо́ем посу́ду. — Я про́тив. Я уже́ о́чень уста́л(а).

а. показа́ть сувени́ры **б.** спеть пе́сню **в.** убра́ть в кварти́ре **г.** пое́хать в Ту́лу **д.** съесть щи **е.** уйти́ **ж.** пообе́дать **з.** сесть **и.** вы́пить шампа́нское **й.** спроси́ть специали́ста **к.** пойти́ в библиоте́ку

*** 14.**

> Кого́ вы спра́шиваете, когда́ вы не зна́ете Москву́? — (Я спра́шиваю) Экскурсово́да.

а. Кого́ вы про́сите занима́ться детьми́, когда́ вы ухо́дите в теа́тр? **б.** Кого́ вы спра́шиваете, когда́ вы не зна́ете, ско́лько на́до угля́? **в.** Кого́ вы спра́шиваете, когда́ вы не зна́ете, когда́ прилети́т самолёт в Москву́? **г.** Кого́ на́до спроси́ть, что́бы посмотре́ть шко́лу (институ́т)? **д.** Кого́ вы спра́шиваете, когда́ вы не зна́ете результа́ты ва́шего сы́на в шко́ле?

15. Пра́вильно и́ли непра́вильно?

а. Васи́лий рабо́тает на заво́де. **б.** У Оле́га есть два ма́льчика **в.** Ско́ро прие́дет семья́ Оле́га. **г.** Оле́г ра́ньше жил в Ки́еве. **д.** Васи́лий неда́вно ви́дел Бори́са. **е.** Бори́с до́лго рабо́тал с Оле́гом. **ж.** Пётр Рома́нович стро́гий как Га́ля. **з.** Га́ля и Вячесла́в жена́ты. **и.** Пётр Рома́нович дире́ктор шко́лы.

16. Ergänzen Sie.

а. Когда́ Оле́г шёл по у́лице, он вдруг . . . **б.** Он не сра́зу узна́л, что . . . **в.** Васи́лий! Да ты ли э́то? — . . . **г.** Как твоя́ семья́? — . . . **д.** Ну, и где ты рабо́таешь? — . . . **е.** Ра́ньше я жил в Ту́ле. Рабо́тал на заво́де. Но неда́вно . . . **ж.** Ты ещё оди́н и́ли . . .? **з.** И у меня́ есть де́ти: . . . **и.** Ты прие́хал сюда́ оди́н и́ли с семьёй? — . . . **й.** А кем ты здесь рабо́таешь? **к.** Я давно́ не ви́дел Бори́са. А ты ви́дел его́? — . . . **л.** А кого́ ты ещё ви́дел? — . . . **м.** Я ду́мал, что Га́ля ещё не . . . **н.** Га́ля учи́тельница, стро́гая как . . . **о.** Наконе́ц, они́ дошли́ . . . **п.** А вот и шко́ла. Дава́й зайдём . . . **р.** Здра́вствуйте, това́рищ дире́ктор! — Здра́вствуйте! — . . .

17. Beantworten Sie folgende Fragen:

а. Как живёт Васи́лий? **б.** Почему́ Васи́лий всё ещё рабо́тает в шко́ле? **в.** У Оле́га есть сын? **г.** Кем рабо́тает Оле́г? **д.** Оле́г живёт оди́н и́ли с семьёй? **е.** Кто Га́ля и Вячесла́в? **ж.** Га́ля за́мужем? **з.** Пётр Рома́нович ещё рабо́тает? **и.** О чём разгова́ривали Оле́г и Васи́лий? **й.** Почему́ Олег зашёл в шко́лу? **к.** Почему́ Оле́г прие́хал? **л.** Кто Пётр Рома́нович?

*** 18. Verändern Sie den Inhalt des Textes von Lektion 10.**

*** 19. Оле́г расска́зывает жене́ о Васи́лии.**

*** 20. Васи́лий расска́зывает жене́ об Оле́ге.**

21. Finden Sie die entsprechenden Fragen zu folgenden Antworten:

Оле́г встреча́ет на у́лице Петра́ Рома́новича. Пётр Рома́нович бы́вший учи́тель Оле́га.

а. . . . — Мы не ви́делись пять лет.
б. . . . — Всё в поря́дке.
в. . . . — Я рабо́таю инжене́ром.
г. . . . — Жена́т.
д. . . . — Есть. Ма́льчик и де́вочка.
е. . . . — Я зна́ю о Бори́се. Он то́же инжене́р.
ж. . . . — Он экономи́ст.
з. . . . — Я зна́ю, что Га́ля тепе́рь жена́ Вячесла́ва.
и. . . . — Она́ рабо́тает учи́тельницей.
й. . . . — Нет, я то́лько неда́вно прие́хал сюда́.
к. . . . — Ра́ньше я рабо́тал в Ту́ле.
л. . . . — Когда́ я шёл по у́лице, я вдруг уви́дел Васи́лия.
Но я не сра́зу узна́л, что э́то был Васи́лий.
м. Я рабо́тал в шко́ле 30 лет. — . . .
н. Не забы́л и не забу́ду.

*** 22.**

Вам на́до прочита́ть кни́гу. Э́той кни́ги у вас нет до́ма. Что вы тогда́ де́лаете?
— Я иду́ в библиоте́ку.
— Я покупа́ю кни́гу в магази́не.
— Е́сли[1] у това́рища есть э́та кни́га, я прошу́ его́ дать мне э́ту кни́гу.
— Е́сли есть э́та кни́га в библиоте́ке, я беру́ э́ту кни́гу (её) в библиоте́ке.

[1] е́сли = wenn

а. Ваш муж прихо́дит домо́й по́здно. **б.** Ва́ши де́ти не рабо́тали хорошо́ в шко́ле. **в.** Вы не нахо́дите в спи́ске фами́лию ста́рого знако́мого. **г.** Вы не зна́ете, ско́лько на́до угля́, что́бы отопи́ть ва́шу ко́мнату. **д.** Ваш дире́ктор забыва́ет всё. **е.** Ваш телеви́зор не рабо́тает. **ж.** Вы не нахо́дите ключ. **з.** Вы про́сите официа́нта принести́ кре́пкий ко́фе, а он прино́сит вам не кре́пкий ко́фе. **и.** Ва́ша жена́ (ваш муж) вам прино́сит буты́лку кра́сного вина́. **й.** Ваш муж (ва́ша жена́) не накрыва́ет на стол. **к.** Ваш муж (ва́ша жена́) хо́дит в кафе́ оди́н (одна́). **л.** У вас есть ма́ленькие де́ти. **м.** Ваш муж (ва́ша жена́) лю́бит вино́, а вы не лю́бите вино́.

*** 23.**

Вы лю́бите борщ? — Нет, не люблю́. — Да, борщ о́чень вку́сный. — Е́сли нет соля́нки, ем и борщ. — Люблю́, но борщ на́до до́лго гото́вить. Ем борщ то́лько в рестора́не и́ли у ма́мы.

а. э́ту колбасу́ **б.** э́ту минера́льную во́ду **в.** э́тот стол **г.** э́тот за́втрак **д.** ва́шу жену́ (ва́шего му́жа) **е.** э́тот ко́фе **ж.** э́ту библиоте́ку **з.** э́то вино́ **и.** э́ту су́мку **й.** э́ту шко́лу **к.** э́ту ко́мнату **л.** э́то кафе́

*** 24. Бы́вший учи́тель**

10

5

6

7

8

9

10

***1. В гости́нице**

1
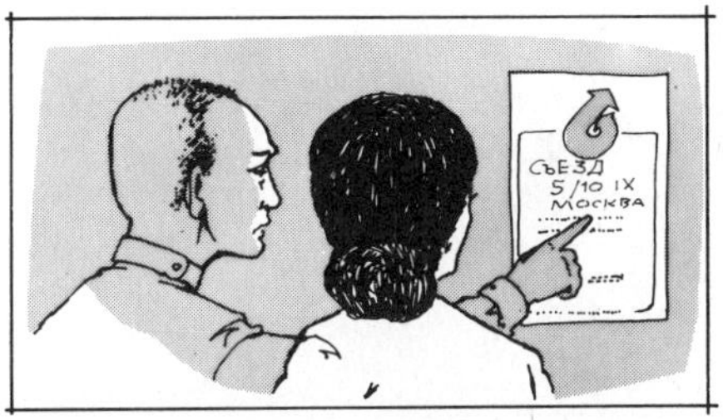

2
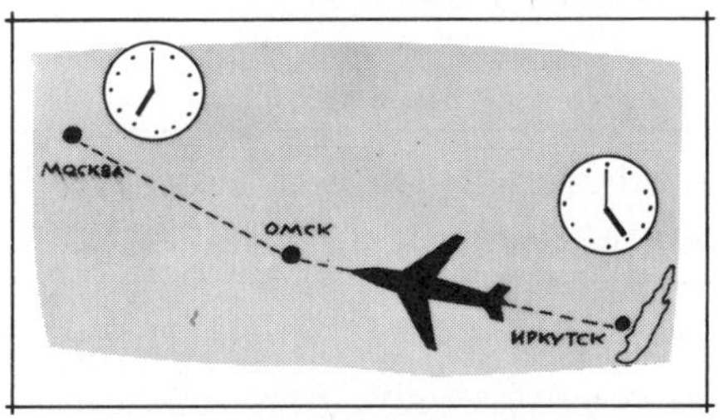

3

4

5

6

7

8

9

11

10

11

12

2.	Э́то ключ Ви́ктора. — Вы не забу́дете дать ключ Ви́ктору? Э́то наш ключ. — Вы не забу́дете дать нам ключ?

а. Мари́на Ка́рловна **б.** врач **в.** Ви́тя **г.** мой **д.** Ива́н Петро́вич **е.** Людми́ла **ж.** наш **з.** Мари́я Макси́мовна

3.	Где мой биле́т? — Э́тот биле́т ваш? Где моя́ су́мка? — Э́та су́мка ва́ша?

а. ключ **б.** часы́ **в.** ру́чка **г.** лека́рство **д.** кни́ги **е.** бланк **ж.** па́мятка **з.** биле́т **и.** пла́тье

4.	Каки́е журна́лы вы лю́бите? — Я люблю́ то́лько оди́н журна́л. Вот э́тот. Каки́е газе́ты вы лю́бите? — Я люблю́ то́лько одну́ газе́ту. Вот э́ту.

а. блу́зка **б.** костю́м **в.** вино́ **г.** дом **д.** пе́сня **е.** блю́до **ж.** брю́ки **з.** стадио́н

5.

У вас есть стака́ны? — Есть. Но то́лько два стака́на. У вас есть газе́ты? — Есть. Но то́лько две газе́ты.

а. кни́га **б.** нож **в.** таре́лка **г.** су́мка **д.** стул **е.** план **ж.** анке́та **з.** пла́тье

6.

Ваш но́мер три́дцать шесто́й. — Э́то тре́тий эта́ж.

а. 25 **б.** 47 **в.** 32 **г.** 91 **д.** 13 **е.** 58 **ж.** 69 **з.** 84 **и.** 73

7.

Петро́вы заполня́ют анке́ты. — Когда́ они́ запо́лнят все анке́ты? Петро́вы пи́шут спи́сок. — Когда́ они́ напи́шут весь спи́сок?

а. чита́ть журна́лы **б.** мыть посу́ду **в.** гото́вить обе́д **г.** запи́сывать адреса́ **д.** привози́ть шкафы́ **е.** стира́ть бельё **ж.** обе́дать **з.** выбира́ть блю́да **и.** петь пе́сню **й.** накрыва́ть на стол

8.

Я заполня́ю анке́ту . . . и сдаю́ её администра́тору. Вы запо́лните анке́ту . . . и сдади́те её администра́тору.

а. И́горь заполня́ет . . . **б.** Мы запо́лним . . . **в.** Ты заполня́ешь . . . **г.** Петро́вы заполня́ют . . . **д.** Я запо́лню . . . **е.** Вы заполня́ете . . . **ж.** Ни́на Петро́вна запо́лнит . . . **з.** Я заполня́ю . . . **и.** Мы заполня́ем . . . **й.** Де́ти запо́лнят . . . **к.** Ты запо́лнишь . . . **л.** Вы запо́лните . . .

9.

Э́то журна́л Ви́ктора? — Нет, мой. Ви́ктор мне дал. Э́то журна́л Ни́ны? — Нет, мой. Ни́на мне́ дала́.

а. . . . Га́ли. **б.** . . . дире́ктора. **в.** . . . Бори́са и Людми́лы. **г.** . . . мой журна́л. **д.** . . . Мари́и Макси́мовны.

10.

Тепе́рь три часа́. — В четы́ре часа́ я уйду́. Тепе́рь семь часо́в. — В во́семь часо́в я уйду́.

а. 2 ч. **б.** 5 ч. **в.** 9 ч. **г.** 1 ч. **д.** 10 ч. **е.** 4 ч. **ж.** 6 ч.

11

11.

На мои́х часа́х час но́чи. — В Москве́, должно́ быть, во́семь часо́в ве́чера.

а. 5 ч. **б.** 16 ч. **в.** 11 ч. **г.** 17 ч. **д.** 23 ч. **е.** 3 ч. **ж.** 21 ч. **з.** 8 ч. **и.** 12 ч.

12. Sie bleiben zehn Tage.

день прие́зда: шесто́е сентября́ день отъе́зда: шестна́дцатое сентября́ день прие́зда: восемна́дцатое октября́ день отъе́зда: два́дцать восьмо́е октября́

а. 4/IV **б.** 18/VIII **в.** 15/VI **г.** 7/II **д.** 12/IX **е.** 21/I **ж.** 13/X **з.** 1/XII **и.** 20/VII **й.** 9/III **к.** 10/XI **л.** 16/V

13.

да́та рожде́ния: пе́рвое апре́ля со́рок тре́тьего го́да (1/IV-43 г.)

а. 5/IV-45 г. **б.** 2/VII-60 г. **в.** 29/IV-64 г. **г.** 8/III-50 г. **д.** 16/IV-40 г. **е.** 26/VIII-53 г. **ж.** 3/II-71 г. **з.** 6/X-39 г. **и.** 28/XII-70 г. **й.** 24/I-80 г. **к.** 1/XI-90 г. **л.** 10/IV-87 г. **м.** 4/V-28 г. **н.** 1/IX-30 г.

14.

Вы поє́дете в апре́ле? — Нет, то́лько в ма́е. Вы поє́дете в декабре́? — Нет, то́лько в январе́.

а. ию́нь **б.** февра́ль **в.** дека́брь **г.** ию́ль **д.** янва́рь **е.** март **ж.** октя́брь **з.** апре́ль **и.** а́вгуст **й.** май **к.** ноя́брь **л.** сентя́брь

15.

Га́ля живёт в Ирку́тске. — Она́ лети́т из Ирку́тска в Москву́. В аэропорту́ она́ берёт такси́ и е́дет в гости́ницу. Ива́н и Ни́на живу́т в Москве́. — Они́ летя́т из Москвы́ в Ирку́тск. В аэропрту́ они́ беру́т такси́ и е́дут в гости́ницу.

а. Ю́рий Андре́евич живёт в Москве́. **б.** Тама́ра и Ви́ктор живу́т в Ирку́тске. **в.** Бори́с и Людми́ла живу́т в Москве́. **г.** Мари́я Васи́льевна живёт в Москве́. **д.** Никола́й Петро́вич живёт в Ирку́тске.

***16.**

> Мо́жно получи́ть у вас но́мер? — Мо́жно. Прошу́ вас запо́лнить анке́ту.
> Мо́жно получи́ть ключ? — Мо́жно. Но прошу́ вас не забы́ть сдать мне ключ.

а. прочита́ть э́ту кни́гу **б.** помы́ть посу́ду **в.** спеть пе́сню **г.** посмотре́ть институ́т **д.** получи́ть а́дрес **е.** получи́ть ме́сто **ж.** получи́ть ру́чку **з.** получи́ть обе́д **и.** получи́ть такси́ **й.** получи́ть прямо́й рейс **к.** получи́ть ви́зу **л.** получи́ть таре́лку **м.** получи́ть бутербро́д **н.** у́голь **о.** журна́л **п.** бума́гу

***17.**

> Мо́жно получи́ть но́мер. — На́до обрати́ться к администра́тору.
> Мо́жно получи́ть а́дрес. — На́до обрати́ться к секретарю́-машини́стке.
> Мо́жно купи́ть хлеб. — На́до сходи́ть в магази́н.

а. во́дка **б.** кни́ги **в.** ключ **г.** молоко́ **д.** лека́рство **е.** бума́ги **ж.** сувени́р **з.** анке́ты **и.** меню́ **й.** ру́чка

18.

Из Москвы́ в Ирку́тск на́до лете́ть че́рез Омск.

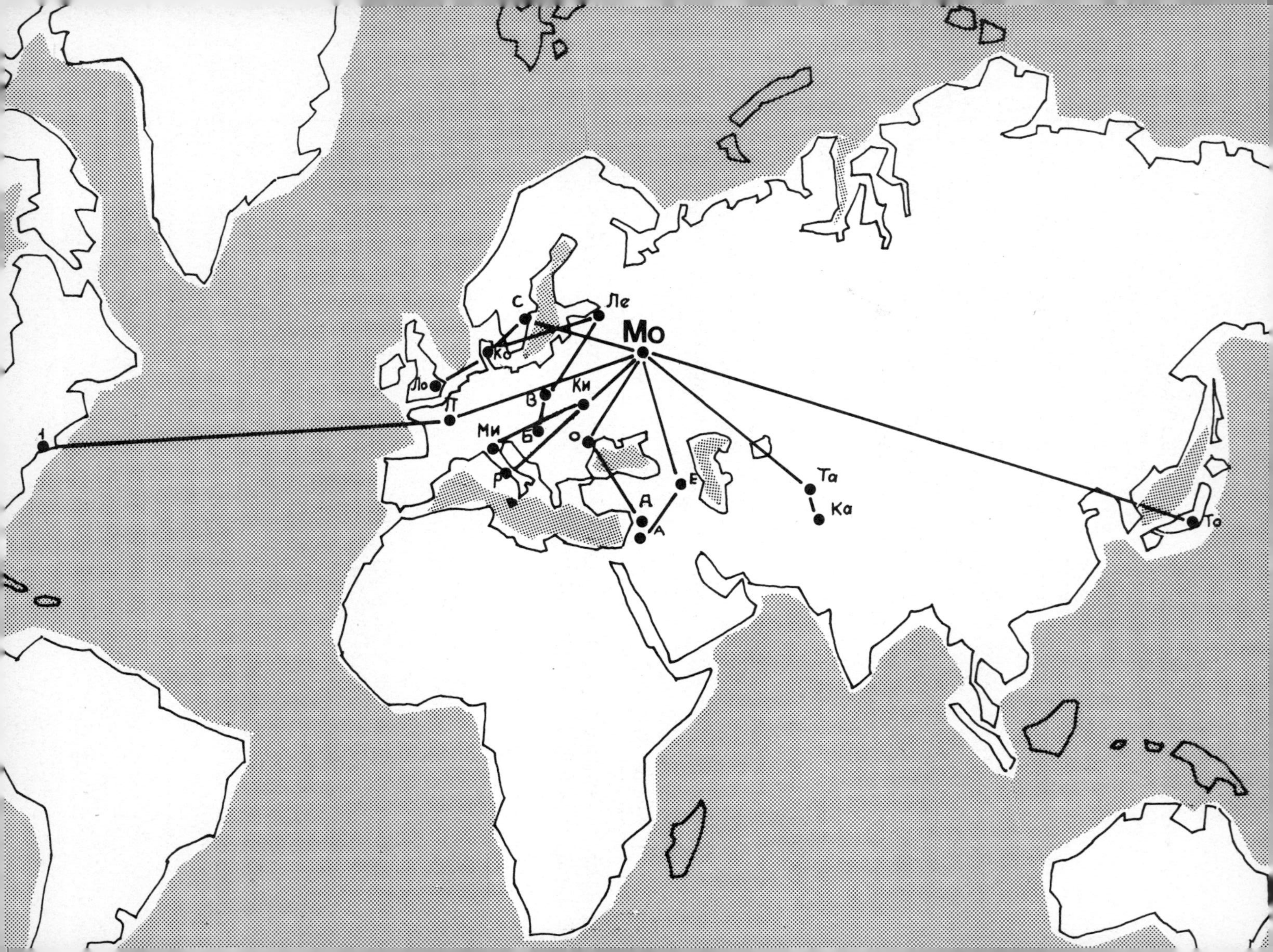
Мо
Ле
С
Ко
Ло
П
В
Ки
Ми
Б
О
Р
Е
Д
А
Та
Ка
То

*19. Как до́лго продолжа́ется полёт из Га́мбурга в Мю́нхен? — Час.

а. экску́рсия **б.** полёт из Берли́на в Мю́нхен **в.** совеща́ние **г.** полёт из Ве́ны в Москву́ **д.** обе́д **е.** полёт из Москвы́ во Фра́нкфурт-на-Ма́йне **ж.** полёт из Москвы́ в Омск **з.** полёт из Га́мбурга в Ленингра́д

20. Пра́вильно и́ли непра́вильно?

а. В октябре́ съезд враче́й. **б.** Врачи́ Тама́ра и Ви́ктор Петро́вы прилета́ют из Ту́лы. **в.** Полёт продолжа́ется семь часо́в. **г.** В вестибю́ле Ви́ктор обраща́ется к дире́ктору. **д.** Администра́тор даёт Ви́ктору и Тама́ре ключи́. **е.** При гости́нице нет рестора́на. **ж.** Петро́вы успе́ли на у́жин. **з.** В Ирку́тске час но́чи, а в Москве́ то́лько де́вять часо́в ве́чера.

21. Ergänzen Sie.

а. Петро́вы летя́т в Москву́ че́рез ... **б.** Из аэропо́рта в гости́ницу «Ю́ность» Петро́вы е́дут на ... **в.** Прошу́ вас запо́лнить ... **г.** Тама́ра и Ви́ктор чита́ют бла́нки и начина́ют ... **д.** Ви́тя, дай мне ру́чку. Ведь ... **е.** Петро́вы сдаю́т анке́ты ... **ж.** Ваш но́мер ... **з.** Ключ от но́мера вы полу́чите ... **и.** А вы не ска́жете, где мо́жно пое́сть? — ... **й.** Мы уста́ли с доро́ги и про́сим ... **к.** Я запишу́, что́бы ... **л.** На мои́х часа́х час но́чи, но я ещё не ...

22. Beantworten Sie folgende Fragen:

а. Почему́ Петро́вы летя́т в Москву́? **б.** Как до́лго продолжа́ется полёт из Ирку́тска в Москву́? **в.** Как Петро́вы е́дут из аэропо́рта в гости́ницу? **г.** Мо́жно получи́ть но́мер в гости́нице «Ю́ность»? **д.** Где рабо́тает администра́тор? **е.** Что на́до сде́лать, что́бы получи́ть ключ от но́мера? **ж.** Почему́ Тама́ра Ива́новна про́сит ру́чку у му́жа? **з.** Но́мер Тама́ры и

◄

А = Амма́н	Ка = Кабу́л	Ми = Мила́н	Р = Рим
Б = Будапе́шт	Ки = Ки́ев	Мо = Москва́	С = Стокго́льм
В = Варша́ва	Ко = Копенга́ген	Н = Нью-Йо́рк	Та = Ташке́нт
Д = Дама́ск	Ле = Ленингра́д	О = Оде́сса	То = То́кио
Е = Ерева́н	Ло = Ло́ндон	П = Пари́ж	

Ви́ктора семна́дцатый. Како́й э́то эта́ж? **и.** Где мо́жно пое́сть? **й**. Почему́ Петро́вы про́сят администра́тора разбуди́ть их в семь часо́в утра́? **к.** Почему́ Ви́ктор Никола́евич ещё не переста́вил часы́?

*** 23. Тама́ра расска́зывает.**

Erzählen Sie in der Vergangenheit.

*** 24. Erzählen Sie von Ihren Fahrten und Hotels**

(wann, Verkehrsmittel, Fragebogen, Hotelzimmer, Hotel, Stockwerk, Empfang, Schlüssel, Restaurant, Wecken usw.).

*** 25. Запо́лните ва́шу анке́ту.**

*** 26.**

Вы должны́ встать ра́но у́тром. Что вы тогда́ де́лаете?
— Я прошу́ администра́тора разбуди́ть меня́.
У вас нет хле́ба. Что вы де́лаете?
— Я ем сыр и колбасу́ про́сто так.
— Я покупа́ю хлеб в магази́не.
— Я прошу́ сосе́да дать мне хлеб.

а. На ва́ших часа́х непра́вильное вре́мя. **б.** Администра́тор вам дал тало́н. **в.** У вас нет ру́чки. **г.** Ваш сын постоя́нно кричи́т. **д.** Вы уста́ли с доро́ги, но на́до за́втра пойти́ на съезд в во́семь часо́в утра́. **е.** Вы больны́. **ж.** Вы счастли́вы. **з.** Полёт продолжа́ется семь часо́в. **и.** Вам даю́т два биле́та в теа́тр. **й.** Вы ви́дите ста́рого знако́мого, но вы не узнаёте его́. **к.** Вы купи́ли но́вые брю́ки. **л.** Вы уезжа́ете из гости́ницы. **м.** Ваш сосе́д поёт нехорошо́.

***27.**

Мы уста́ли с доро́ги. — Мы про́сим вас разбуди́ть нас в семь часо́в утра́.

а. Мы не нахо́дим а́дрес. **б.** Я бо́лен(льна́) и хочу́ чита́ть. **в.** Я не зна́ю, како́е пла́тье взять. **г.** Я, наве́рное, забу́ду, что вы то́лько что сказа́ли. **д.** Я бо́лен(льна́), мне на́до лека́рство. **е.** Я ещё не поу́жинал(а). **ж.** Я не нахожу́ ключ. **з.** Я пришёл(шла́) по́здно. **и.** Мы прилети́м в семь часо́в. **й.** На́ши знако́мые из Ирку́тска прилете́ли в Москву́. **к.** Мы запо́лнили анке́ты. **л.** Возьми́те э́ти анке́ты.

***28.**

Да́йте мне, пожа́луйста, ру́чку. — Моя́ ру́чка не пи́шет. — Э́то не моя́ ру́чка. Да́йте мне, пожа́луйста, ключ. — Я не зна́ю, когда́ я приду́ домо́й. — Ви́ктор Петро́вич взял мой ключ.

а. стул **б.** са́хар **в.** газе́та **г.** чи́стые брю́ки **д.** суп **е.** у́голь **ж.** меню́ **з.** ма́сло **и.** па́спорт **й.** кре́пкий ко́фе **к.** спи́сок **л.** ма́ленькая ло́жка **м.** анке́та **н.** но́вый журна́л **о.** биле́т на самолёт **п.** па́мятка

***29.**

У вас кто в семье́ стира́ет бельё? Муж? Жена́? Муж и жена́? И́ли де́ти? — Бельё стира́ют муж и жена́, е́сли муж и жена́ рабо́тают.

а. буди́ть семью **б.** чита́ть газе́ту **в.** получа́ть ключ **г.** разгова́ривать с учи́телем **д.** заполня́ть анке́ты **е.** сдать кни́ги в библиоте́ку **ж.** мыть посу́ду **з.** петь пе́сни с детьми́ **и.** обе́дать с детьми́ **й.** зака́зывать блю́да в рестора́не **к.** ота́пливать кварти́ру **л.** находи́ть ключ

*** 30. По́сле съе́зда**

1

2

3

4

5

6

7

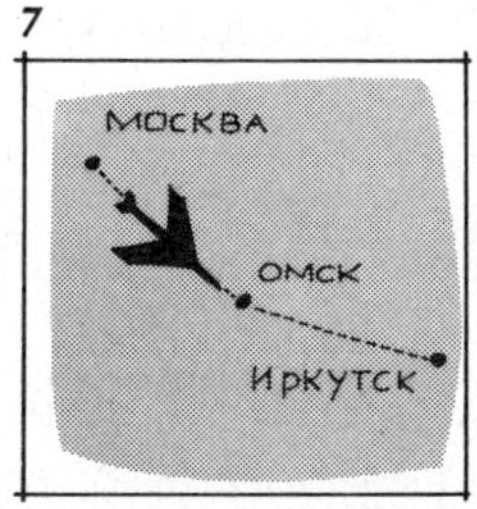

8

9

10

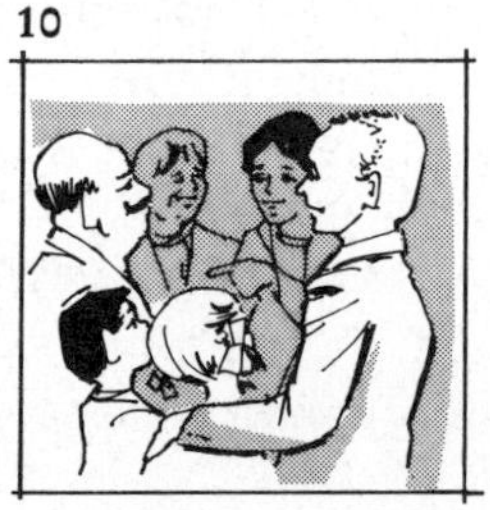

*1. Студе́нты

1

2
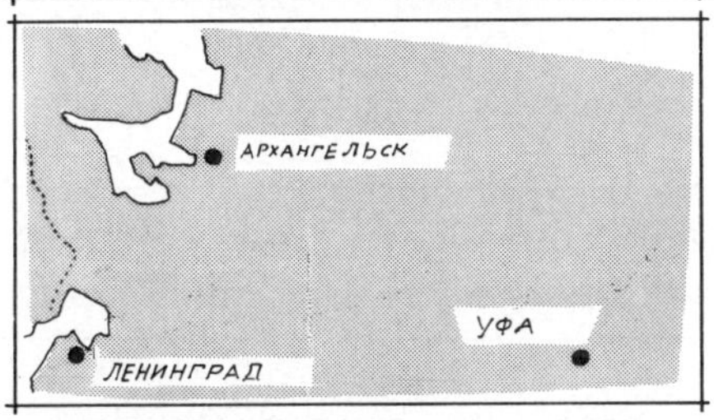

3

4

5

6

7

8

9

12

10

11

12

13

*** 2.**

Андре́й лю́бит сувени́ры. — Мо́жно обра́довать его́ сувени́ром. Андре́й лю́бит вино́. — Мо́жно обра́довать его буты́лкой вина́.

а. экску́рсии **б.** суп **в.** спорт **г.** литерату́ра **д.** заку́ска **е.** блу́зки **ж.** кинофи́льмы **з.** оде́жда **и.** телеви́зор **й.** напи́тки **к.** пла́тье

*** 3.**

Он мно́го занима́ется футбо́лом. — Он хо́дит ка́ждый день на стадио́н. Он мно́го занима́ется литерату́рой. — Он всё вре́мя чита́ет.

а. му́зыка **б.** теа́тр **в.** поли́тика **г.** спорт **д.** исто́рия

*** 4.**

Чем вы пи́шете? — Я пишу́ карандашо́м.

а. Чем вы еди́те? **б.** Чем вы занима́етесь? **в.** Чем вы то́пите печь? **г.** Чем вы ра́дуете му́жа (жену́)?

5.

Я помо́г(ла́) Ви́ктору. — Он мне то́же помо́жет. Ви́ктор мне помо́г. — Я Ви́ктору то́же помогу́.

а. я/ Мари́я Макси́мовна **б.** я/ тебе́ **в.** Ива́н Степа́нович/ мне **г.** вы/ Га́ля и Вячесла́в **д.** Со́ня/ нам **е.** я/ вам

6.

Я сиде́л(а) с Ве́рой. — Я всегда́ сижу́ с Ве́рой. Я пообе́дал(а) в столо́вой. — Я всегда́ обе́даю в столо́вой.

а. погуля́ть по у́лице Льва Толсто́го **б.** помо́чь Ива́ну **в.** сдать ключ **г.** игра́ть в те́ннис с Ве́рой **д.** провести́ свобо́дное вре́мя на стадио́не **е.** ждать Ве́ру **ж.** встать в шесть часо́в **з.** записа́ть а́дрес **и.** съесть суп **й.** разгова́ривать с дире́ктором

7.

Сего́дня три́дцать пе́рвое января́? — Нет, сего́дня уже́ пе́рвое февраля́. Сего́дня тридца́тое апре́ля? — Нет, сего́дня уже́ пе́рвое ма́я.

а. 28/II **б.** 31/V **в.** 30/IX **г.** 30/XI **д.** 31/III **е.** 30/VI **ж.** 31/VIII **з.** 31/VI **и.** 31/X

8. Benutzen Sie zu folgenden Adjektiven die entsprechenden Adverbien:

бы́стрый, -ая, прямо́й, -а́я, постоя́нный, -ая, ско́рый, -ая, обяза́тельный, -ая, обы́чный, -ая, ме́дленный, -ая, свобо́дный, -ая

а. Прие́хал де́душка. Но он . . . уе́дет. **б.** Де́душка вы́пил чай сего́дня. . . . он пьёт во́дку. **в.** Ве́ра о́чень хорошо́ говори́т по-неме́цки. Она́ говори́т по-неме́цки совсе́м . . . **г.** Серёжа встаёт по́здно. Поэ́тому он . . . за́втракает. **д.** Са́ша хо́чет всё знать. Он . . . спра́шивает. **е.** Вы не успе́ете. Вы идёте . . . **ж.** Я же сказа́ла, что я приду́. Я . . . приду́. **з.** Петро́вы лете́ли не че́рез Омск. Они́ лете́ли . . .

9.

> Порá поýжинать. — Давáйте поýжинаем.
> Порá ужé уйти́. — Давáйте уйдём.

а. встать **б.** разбуди́ть их **в.** поéсть **г.** помóчь Вéре **д.** сдать ключ **е.** зайти́ к И́горю **ж.** поéхать в аэропóрт **з.** полетéть в Москвý

*** 10. Óколо, далекó и́ли недалекó?**

Gehen Sie von Ihren Verhältnissen aus.

> Пóчта недалекó от теáтра.
> Лю́двигсхафен óколо Мáнгейма.

а. А́угсбург — Мю́нхен **б.** стадиóн — бассéйн **в.** теáтр — столóвая **г.** Фрáнкфурт-на-Мáйне — Óффенбах **д.** пóчта — гости́ница **е.** завóд — аэропóрт **ж.** Гáмбург — Ки́ев **з.** общежи́тие — университéт **и.** плитá — холоди́льник **й.** библиотéка — ресторáн **к.** ýлица . . . — ýлица . . .

11. Прáвильно и́ли неправильно?

а. Пи́сьма Валенти́на всегдá рáдуют Ивáна. **б.** Сáша и Серёжа студéнты вторóго кýрса. **в.** Ивáн ýтром éдет в университéт и слýшает мýзыку. **г.** Профéссор Петрóв хорóший специали́ст по истóрии. **д.** Ивáн и Вéра гуля́ют вéчером по ýлице Льва Толстóго. **е.** Ивáн написáл письмó рýчкой. **ж.** Ивáн хорошó знáет немéцкий язы́к.

12. Ergänzen Sie.

а. Твои́ пи́сьма всегдá рáдуют . . . **б.** Я óчень довóлен, что . . . **в.** Кáждый день дóлго сижý . . . **г.** А как ты провóдишь . . .? **д.** А вот тебé нóвость: . . . **е.** Вéра ми́лая и довóльно . . . **ж.** Ну, уви́дишь, когдá . . . **з.** До скорóй . . .

13. Beantworten Sie folgende Fragen:

а. О чём спрáшивает Валенти́н? **б.** Где нахóдится общежи́тие, где живýт Ивáн, Сáша и Серёжа? **в.** Откýда Сáша и Серёжа? **г.** Что дéлает Сáша ýтром? **д.** Где обéдают Сáша, Серёжа, Ивáн? **е.** Почемý Ивáн лю́бит слýшать профéссора Петрóва? **ж.** Что дéлает Ивáн пóсле обéда? **з.** Как Ивáн провóдит свобóдное врéмя? **и.** Почемý Ивáн бóльше не обéдает с

Са́шей и Серёжей? **й.** Где гуля́ют Ива́н и Ве́ра? **к.** Почему́ Ива́н пи́шет второ́е письмо́ карандашо́м? **л.** Как до́лго Ива́н уже́ студе́нт?

14. Ива́н kommt nach Hause. Ein Freund fragt ihn aus. Finden Sie Fragen zu seinen Antworten.

а. ... — Получи́л.
б. ... — Хорошо́.
в. ... — Люблю́.
г. ... — Нет, бассе́йн недалеко́ от общежи́тия.
д. ... — Я е́ду де́сять мину́т.
е. ... — Телеви́зор в вестибю́ле общежи́тия.
ж. ... — Я встаю́ в семь часо́в.
з. ... — Ве́ра из Ленингра́да.
и. ... — Я помога́ю Ве́ре гото́вить рефера́ты.

***15. Ве́ра расска́зывает подру́ге.**

***16. Вале́рий отвеча́ет Ива́ну. Напиши́те письмо́.**

***17.**

Вы смо́трите телеви́зор и́ли игра́ете в волейбо́л?
— Я игра́ю в волейбо́л.
— Я смотрю́ телеви́зор.
— Я не смотрю́ телеви́зор и не игра́ю в волейбо́л. Я чита́ю газе́ту.

а. ходи́ть в бассе́йн и́ли гуля́ть **б.** спать и́ли пла́вать **в.** чита́ть и́ли слу́шать му́зыку **г.** стира́ть бельё и́ли убира́ть в кварти́ре **д.** заходи́ть к ма́ме и́ли ба́бушке **е.** рабо́тать и́ли занима́ться детьми́ **ж.** пить чай и́ли ко́фе **з.** мыть посу́ду и́ли гото́вить у́жин **и.** Когда́ вы смо́трите телеви́зор, вы сиди́те в кре́сле и́ли на сту́ле?

***18.**

Вы всегда́ гуля́ете с Ве́рой? — Обы́чно гуля́ю с Ве́рой, но иногда́ гуля́ю и с Са́шей и Серёжей.
— Да. Но я не ча́сто гуля́ю. Я не люблю́ гуля́ть.

а. Де́душке помога́ете всегда́ вы? **б.** Вы прово́дите свобо́дное вре́мя всегда́ до́ма? **в.** Вы встаёте всегда́ в шесть часо́в? **г.** Вы даёте журна́л всегда́ жене́ (му́жу)? **д.** Посу́ду мо́ете всегда́ вы? **е.** Вы всегда́ обе́даете в 12 часо́в? **ж.** Вы всегда́ еди́те карто́фель? **з.** Вы всегда́ берёте су́мку? **и.** Вы всегда́ у́жинаете в ку́хне? **й.** Вы всегда́ ждёте му́жа (жену́)? **к.** Вы всегда́ сиди́те с му́жем (с жено́й)?

*** 19.**

По́чта далеко́ от ва́шего до́ма? — Нет, недалеко́. — Да, дово́льно далеко́. Я иду́ на по́чту де́сять мину́т. — Нет, по́чта почти́ о́коло до́ма. — Нет, пря́мо о́коло до́ма.

а. кинотеа́тр **б.** бассе́йн **в.** столо́вая **г.** библиоте́ка **д.** аэропо́рт **е.** магази́н **ж.** теа́тр **з.** апте́ка **и.** рестора́н **й.** ме́сто рабо́ты

*** 20.**

Вы бо́льше лю́бите вино́ и́ли пи́во? — Я бо́льше люблю́ пи́во. Пи́во недорого́е и све́жее. — Я бо́льше люблю́ вино́. Я не могу́ мно́го пить. — Я люблю́ вино́ и пи́во. — Я не люблю́ вино́ и не люблю́ пи́во.

а. Ве́на — Га́мбург **б.** сыр — колбаса́ **в.** конья́к — во́дка **г.** карто́фель — рис **л.** матема́тика — исто́рия **е.** писа́ть ру́чкой — карандашо́м **ж.** кино́ — теа́тр **з.** спорт — му́зыка **и.** поли́тика — литерату́ра **й.** смотре́ть телеви́зор — игра́ть в волейбо́л **к.** де́лать экску́рсии — обе́дать в рестора́не

*** 21.**

Я ещё не пойду́ домо́й. — Я жду дру́га. Вы сейча́с полу́чите ключ. — Дежу́рная сейча́с придёт.

а. Сейча́с сде́лаем экску́рсию. **б.** Ива́н ещё не пошёл на ле́кцию. **в.** Га́ля и Вячесла́в ещё не заказа́ли блю́да. **г.** Я чита́ю письмо́. **д.** Где официа́нт? **е.** Уже́ ме́сяц, как я написа́л письмо́. **ж.** Уже́ три ме́сяца, как мы жена́ты. **з.** Я живу́ пока́ одна́. **и.** Пока́ я беру́ уче́бник Ве́ры. **й.** Че́рез неде́лю я полечу́ в Арха́нгельск. **к.** Валенти́н написа́л, что он ско́ро мне отве́тит.

л. Я óчень хочý есть **м.** Я ещё не получи́л талóн на нóмер. **н.** Сейчáс вам покажý шкóлу.

***22. Was gefällt Ihnen am Studentenleben? Was nicht? Verwenden Sie «мóжно» und «нáдо».**

***23. Schreiben Sie einen Brief und verwenden Sie dabei folgende Wörter: «четвёртый курс», «футбóл», «институ́т», «экономика», «кинотеáтр», «бáбушка», «костю́м».**

***24. Schreiben Sie Ihrem Freund (Ihrer Freundin) einen Brief.**

***25. Студéнты**

13 * 1. Констру́ктор во дворце́ пионе́ров

1

2

3

4

5

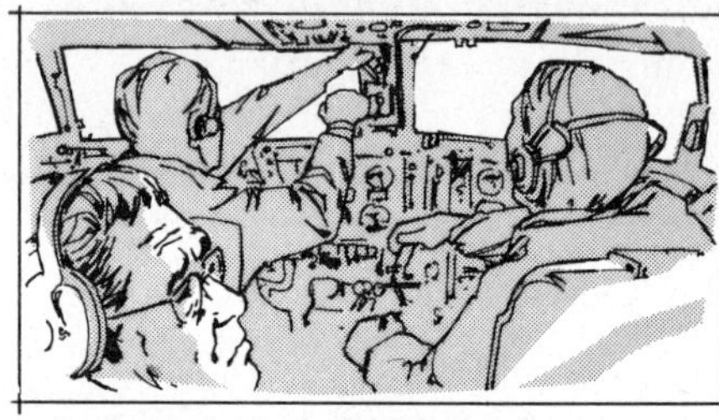

6

7

2. Руководи́ть и́ли управля́ть?

заво́д: Я руковожу́ заво́дом. де́ти: Я руковожу́ детьми́.

а. экску́рсия **б.** самолёт **в.** чертёжники **г.** дворе́ц пионе́ров **д.** шко́ла

3. Чем руководи́т

а. констру́ктор **б.** учи́тель **в.** инжене́р **г.** экскурсово́д?

4. Dativ oder Akkusativ?

а. вам/ вас: Я прошу́ . . . спеть пе́сню. **б.** ему́/ его́: Я куплю́ . . . спорти́вный костю́м. **в.** мне/ меня́: Ива́н написа́л . . . письмо́. **г.** ей/ её: Я принесу́ . . . блу́зку. **д.** им/ их: Мы нашли́ . . . **е.** ему́/его́: Я уви́жу . . . **ж.** нам/ нас: На́до спроси́ть . . . **з.** вам/ вас: Дире́ктор отве́тил . . . **и.** ей/ её: Мы вы́пили . . . **й.** вам/ вас: Ни́на встре́тит . . . в аэропорту́. **к.** мне/ меня́: Ве́ра ждёт . . .

5.

Я обрати́лся(лась) к Ве́ре. — К ней всегда́ мо́жно обрати́ться. Я сказа́л(а) э́то Ива́ну. — Ему́ мо́жно всё сказа́ть.

а. Я рассказа́л(а) э́то Ни́не Никола́евне. **б.** Я зашёл(шла́) к Ви́ктору. **в.** Я за́дал(а́) вопро́с дире́ктору. **г.** Я обрати́лся(лась) к де́тям. **д.** Я узна́л(а) Валенти́на. **е.** Я дал(а́) кни́гу де́вочкам. **ж.** Я спроси́л(а) Мари́ю Макси́мовну. **з.** Я игра́л(а) с Со́ней. **и.** Я разгова́ривал(а) с чертёжником. **й.** Я зашёл(шла́) к Со́не. **к.** Я пе́л(а) с детьми́.

6.

Спроси́те Ви́ктора. — И́ли вы его́ уже́ спроси́ли? Да́йте биле́т Ни́не. — И́ли вы ей уже́ да́ли би́лет?

а. Пригласи́те Вячесла́ва. **б.** Зада́йте вопро́с Лари́се. **в.** Игра́йте с детьми́ **г.** Расскажи́те э́то де́душке. **д.** Помоги́те учителя́м. **е.** Запиши́те адреса́. **ж.** Запо́лните анке́ту. **з.** Спо́йте пе́сню для де́душки и ба́бушки. **и.** Говори́те с экскурсово́дом. **й.** Купи́те сувени́р для му́жа. **к.** Закажи́те блю́да для жены́. **л.** Разгова́ривайте с секретарём-машини́сткой.

7. Вот моя́ су́мка. А вот су́мка Ни́ны. — Как вы ду́маете, чья су́мка лу́чше?
Вот мой чертёж. А вот чертёж Бори́са. — Как вы ду́маете, чей чертёж лу́чше?

а. учёбник Ве́ры **б.** общежи́тие Са́ши **в.** часы́ Тама́ры **г.** ру́чка Валенти́на Серге́евича **д.** пла́тье Людми́лы **е.** кварти́ра Га́ли и Вячесла́ва **ж.** дом Серге́я **з.** чертежи́ Лари́сы

8. Мы стро́им уже́ неде́лю. — Неде́лю наза́д мы на́чали стро́ить.
Мы стро́им уже́ год. — Год наза́д мы на́чали стро́ить.

а. писа́ть 2 нед. **б.** стро́ить 3 г. **в.** чита́ть мес. **г.** стро́ить 4 мес. **д.** рабо́тать над докла́дом 2 мес.

*** 9.** Э́то вы стро́ите самолёты? — Нет, самолёты стро́ю не я. Самолёты стро́ят рабо́чие и инженёры.
Э́то вы испы́тываете самолёты?
— Нет, самолёты испы́тываю не я, а лётчики-испыта́тели.
не я, а лётчики-испыта́тели.
— Да, я.

а. Э́то вы руководи́те экску́рсией? **б.** Э́то вам на́до сдать анке́ты? **в.** Э́то вы пи́шете спи́ски? **г.** Э́то вы зна́ете неме́цкий язы́к? **д.** Э́то вы встре́тите Ю́рия Андре́евича? **е.** Э́то вы заказа́ли моро́женое? **ж.** Э́то вы привезли́ сувени́р? **з.** Э́то вы учи́тель? **и.** Э́то вы живёте в Ту́ле? **й.** Э́то у вас мо́жно получи́ть ключ? **к.** Э́то вы прилете́ли из Ирку́тска? **л.** Э́то вы нам пока́жете шко́лу? **м.** Э́то вы нас разбуди́ли? **н.** Э́то вы пригласи́ли констру́ктора? **о.** Э́то вы чита́ете ле́кцию? **п.** Э́то вы выполня́ете чертежи́? **р.** Э́то вы управля́ете самолётом? **с.** Э́то вы руководи́те заво́дом? **т.** Э́то вы создаёте самолёты? **у.** Э́то вы помога́ете Ива́ну?

10. Вам нра́вится э́та кни́га? — Я о́чень люблю́ э́ту кни́гу.
Ей нра́вятся э́ти кни́ги? — Она́ о́чень лю́бит э́ти кни́ги.

а. ему́/ фи́зика **б.** вам/ Арха́нгельск **в.** ей/ футбо́л **г.** тебе́/ ру́сский язы́к **д.** им/ му́зыка **е.** вам/э́та кни́га **ж.** ему́/э́ти брю́ки **з.** ей/ блу́зка

*11.

Вот вам журна́л. — Нет, спаси́бо. Я хочу́ друго́й журна́л, но́вый. Вот вам кни́га. — Нет, спаси́бо. Я хочу́ другу́ю кни́гу, неме́цкую.

а. ключ **б.** колбаса́ **в.** вино́ **г.** ко́фе **д.** заку́ска **е.** ру́чка

12. Benutzen Sie die Präpositionen «по», «за», «над», «под», «в», «на».

Где Вячесла́в? — Он сиди́т в кинотеа́тре.

а. Где ча́шки?

б. Где каранда́ш?

в. Где Ива́н и Ве́ра?

г. Где самолёт?

д. Где Петро́вы?

е. Где Лари́са Петро́вна?

ж. Где де́ти?

з. Где биле́т?

и. Где па́мятка?

13

й. Где а́дрес?

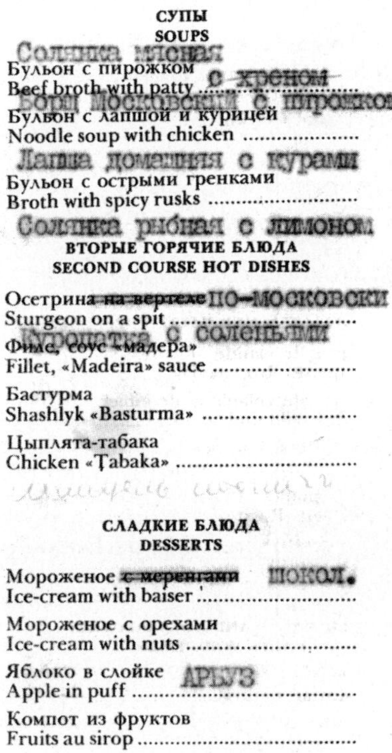
СУПЫ
SOUPS

Солянка мясная

Бульон с пирожком — с хреном
Beef broth with patty ....

Борщ московский с пирожком

Бульон с лапшой и курицей
Noodle soup with chicken ....

Лапша домашняя с курами

Бульон с острыми гренками
Broth with spicy rusks ....

Солянка рыбная с лимоном

ВТОРЫЕ ГОРЯЧИЕ БЛЮДА
SECOND COURSE HOT DISHES

Осетрина ~~на вертеле~~ по-московски
Sturgeon on a spit ....

Куропатка с соленьями

Филе, соус «мадера»
Fillet, «Madeira» sauce ....

Бастурма
Shashlyk «Basturma» ....

Цыплята-табака
Chicken «Tabaka» ....

СЛАДКИЕ БЛЮДА
DESSERTS

Мороженое ~~с меренгами~~ шокол.
Ice-cream with baiser ....

Мороженое с орехами
Ice-cream with nuts ....

Яблоко в слойке — арбуз
Apple in puff ....

Компот из фруктов
Fruits au sirop ....

к. Где десе́рт?

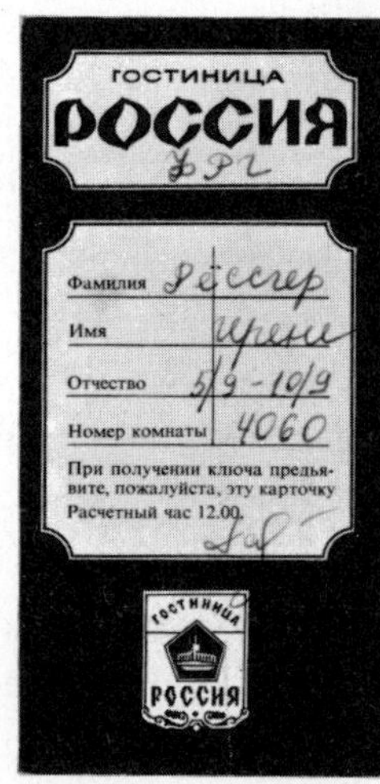
ГОСТИНИЦА
РОССИЯ

Фамилия ....
Имя ....
Отчество ....
Номер комнаты 4060

При получении ключа предъявите, пожалуйста, эту карточку
Расчетный час 12.00

л. Где и́мя?

13. Beantworten Sie folgende Fragen zum Text:

а. Кого́ пригласи́ли пионе́ры во Дворе́ц пионе́ров? **б.** О чём расска́зывает констру́ктор де́тям? **в.** Над чем констру́ктор сейча́с рабо́тает? **г.** Каки́е есть сверхзвуковы́е самолёты? **д.** Кто стро́ит самолёты? **е.** Кто испы́тывает самолёты? **ж.** Что де́лают чертёжники? **з.** Что де́лает констру́ктор?

***14. Beantworten Sie folgende Fragen, die die Pioniere dem Konstrukteur gestellt haben könnten:**

а. Вы стро́или самолёты, когда́ вы бы́ли пионе́ром? **б.** Как вы счита́ете, что лу́чше: футбо́л и́ли волейбо́л? **в.** Вы хо́дите в магази́ны и покупа́ете проду́кты? **г.** Как вы прово́дите свобо́дное вре́мя? **д.** Вы зна́ете англи́йский язы́к? **е.** Каки́е други́е языки́ вы зна́ете? **ж.** Мо́жно посмотре́ть ваш заво́д?

***15. Пионе́ры пригласи́ли инжене́ра во Дворе́ц пионе́ров. Ппоне́ры задаю́т инжене́ру ра́зные вопро́сы. Про́сим отве́тить.**

а. Ва́ша рабо́та вам нра́вится? **б.** Над чем вы сейча́с рабо́таете? **в.** Э́то вы испы́тываете самолёты? **г.** Тогда́ вы приду́мываете самолёты? **д.** И́ли вы руководи́те коллекти́вом? **е.** Вы бу́дете констру́ктором? **ж.** Вы до́ма говори́те о самолётах с жено́й и́ли с детьми́? **з.** Кем рабо́тает ва́ша жена́?

***16.**

О чём рассказа́л констру́ктор? — Он рассказа́л о себе́ и о самолётах. — Он рассказа́л, что он был во Дворце́ пионе́ров.

а. экскурсово́д **б.** Мари́я Макси́мовна **в.** ба́бушка **г.** Ви́ктор Петро́вич **д.** Ни́на **е.** Петро́вы **ж.** Га́ля и Вячесла́в **з.** Ве́ра **и.** Татья́на Ива́новна **й.** Ива́н **к.** Лев **л.** Оле́г **м.** Лари́са **н.** Васи́лий **о.** Ве́ра

17. Ergänzen Sie.

а. . . . — Нра́вится. **б.** . . . — Над но́вым ти́пом сверхзвуково́го самолёта. **в.** . . . — Я счита́ю, что наш самолёт лу́чше. **г.** . . . — Нет, не я. Самолёты стро́ят дурги́е лю́ди: инжене́ры и рабо́чие. **д.** Тепе́рь я зна́ю, что вы де́лаете. Вы приду́мываете самолёты. — . . . **е.** Вы управля́ете самолётами? — . . .

*** 18. Einer der Pioniere erzählt zu Hause.**

*** 19. Каки́е вопро́сы задаю́т пионе́ры профе́ссору?**

*** 20.**

Ско́лько раз в год вы хо́дите в теа́тр? — Я хожу́ в теа́тр три-четы́ре ра́за в год. — Я хожу́ в теа́тр ка́ждую неде́лю. — Ка́ждые две неде́ли. — Я не хожу́ в теа́тр. Я смотрю́ телеви́зор. По́сле рабо́ты я о́чень устаю́.

а. Ско́лько раз в неде́лю вы хо́дите в магази́н? **б.** Ско́лько раз в ме́сяц вы хо́дите к ба́бушке и де́душке? **в.** Ско́лько раз в ме́сяц вы хо́дите к ма́ме? **г.** Ско́лько раз в неде́лю вы хо́дите в рестора́н? **д.** Ско́лько раз в неде́лю вы хо́дите на рабо́ту? **е.** Ско́лько раз в неде́лю вы разгова́риваете с дире́ктором? **ж.** Ско́лько раз в ме́сяц вы хо́дите в библиоте́ку? **з.** Ско́лько раз в ме́сяц вы хо́дите на стадио́н? **и.** Ско́лько раз в ме́сяц вы хо́дите к врачу́? **й.** Ско́лько раз в год вы уезжа́ете на съе́зды? **к.** Ско́лько раз в год вы уезжа́ете в команди́ровку? **л.** Ско́лько раз в ме́сяц вы хо́дите в кино́? **м.** Как до́лго вы смо́трите телеви́зор ве́чером? **н.** Ско́лько раз в неде́лю вы смо́трите телеви́зор?

*** 21.**

Вам нра́вится ва́ша секрета́рь-машини́стка? — Да, она́ хороша́ собо́й и ничего́ не забыва́ет. — Нет, она́ всё вре́мя разгова́ривает. Вам нра́вится ва́ша ко́мната? — Да, она́ больша́я. — Нет, она́ ма́ленькая.

а. учи́тель **б.** сосе́ди **в.** ко́мната **г.** кварти́ра **д.** ку́хня **е.** рабо́та **ж.** шко́ла **з.** дире́ктор **и.** врач **й.** бассе́йн

22. Отве́тьте на вопро́сы.

а. Что де́лают официа́нты? **б.** Что де́лают администра́торы? **в.** Что де́лают дежу́рные в гости́ницах? **г.** . . . студе́нты? **д.** . . . врачи́? **е.** . . . инжене́ры?

23. Что лу́чше сде́лать?

Лу́чше откры́ть окно́.

Лу́чше взять су́мку.

а.

б.

в.

г.

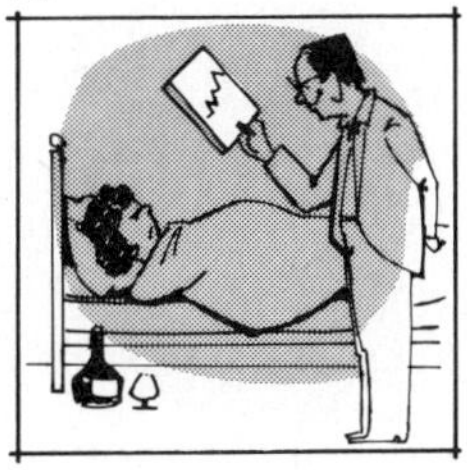

13

д.

е.

ж.

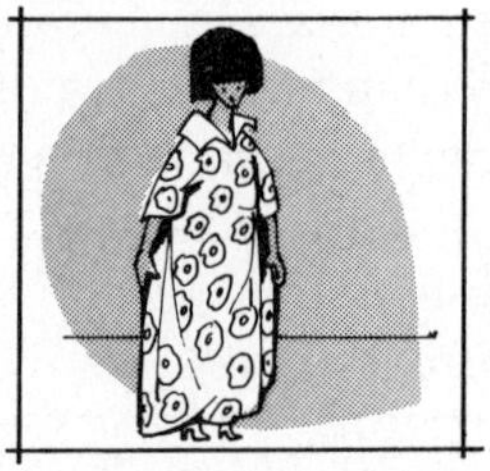

з.

***1. Метаморфо́за**

1

2

3

2.

Вы бы́ли у Ни́ны? — Я был(а́) у неё вчера́.   Вы игра́ли с детьми́? — Я игра́л(а) с ни́ми вчера́.

а. Ты влюби́лся в Со́ню? **б.** Вы уже́ наде́ли но́вые брю́ки? **в.** Вы уже́ говори́ли с дире́ктором? **г.** Вы уже́ надева́ли но́вое пальто́? **д.** Вы бы́ли у Га́ли и Вячесла́ва? **е.** Вы посмотре́ли на Са́шу и Серёжу? **ж.** Вы рассказа́ли об экску́рсии? **з.** Вы уже́ управля́ли самолётом? **и.** Вы вы́полнили рабо́ту? **й.** Вы сказа́ли э́то администра́тору? **к.** Вы бы́ли у Ве́ры? **л.** Вы обрати́лись к констру́ктору? **м.** Петро́вы говори́ли о съе́зде? **н.** Вы бы́ли у де́душки? **о.** На де́тях бы́ли но́вые спорти́вные костю́мы? **п.** Вы привезли́ э́то де́тям?

3.

Вы зна́ете Вале́рия? — Коне́чно. Я давно́ знако́м(а) с ним.   Ни́на зна́ет Со́ню? — Коне́чно. Ни́на давно́ знако́ма с ней.

а. ты/ Ве́ра **б.** Петро́вы/ Ни́на Петро́вна **в.** Оле́г Ви́кторович/ Васи́лий Ива́нович **г.** Лари́са Петро́вна/ Валенти́н Оле́гович **д.** господи́н Бе́ргер/ Вячесла́в и Га́ля

*4.

> Ви́ктор всегда́ надева́л тёмные костю́мы. — А сего́дня он наде́л све́тлый костю́м.
> Я всегда́ е́л(а) борщ. — А сего́дня я съе́л(а) соля́нку.

а. класть пальто́ на стул **б.** опа́здывать **в.** Ни́на/ носи́ть све́тлые блу́зки **г.** Ве́ра/ надева́ть си́ние пла́тья **д.** задава́ть вопро́сы Ни́не **е.** расска́зывать о семье́ **ж.** приглаша́ть Вячесла́ва **з.** ждать Ве́ру **и.** сиде́ть с Га́лей **й.** встава́ть в семь часо́в **к.** дава́ть жрна́л Рома́ну **л.** совеща́ния/ продолжа́ться час **м.** занима́ться спо́ртом **н.** петь англи́йские пе́сни **о.** брать ста́рые су́мки **п.** писа́ть карандашо́м **р.** никогда́ не мыть посу́ду **с.** Самолётом управля́л всегда́ Серге́й.

*5.

> У вас чёрный костю́м. Каку́ю вы выбира́ете руба́шку? — Я выбира́ю бе́лую руба́шку.
> У вас есть бе́лое пла́тье. Како́е вы выбира́ете пальто́? — Я выбира́ю си́нее пальто́.

а. чёрное пла́тье/ ту́фли **б.** жёлтая руба́шка/ га́лстук **в.** си́ние брю́ки/ блу́зка **г.** се́рый костю́м/ руба́шка **д.** зелёная блу́зка/ ю́бка **е.** кра́сный га́лстук/ руба́шка **ж.** кори́чневые боти́нки/ пальто́ **з.** голубо́е пла́тье/ пальто́ **и.** бе́лый костю́м/ руба́шка и га́лстук

6.

> Мы хоте́ли спроси́ть врача́. — Но мы не зна́ли, како́го врача́ спроси́ть.
> Мы хоте́ли купи́ть телеви́зор. — Но мы не зна́ли, како́й телеви́зор купи́ть.

а. купи́ть газе́ту **б.** привезти́ сувени́р **в.** спроси́ть экскурсово́да **г.** гуля́ть **д.** заказа́ть шампа́нское **е.** пое́сть **ж.** говори́ть с представи́телем фи́рмы **з.** зада́ть вопро́сы **и.** принести́ цветы́ **й.** игра́ть **к.** купи́ть у́голь **л.** говори́ть с учи́тельницей **м.** пове́сить пальто́ **н.** разгова́ривать о пе́снях

7.

> Я купи́л(а) пла́тье. — А когда́ я пришёл(шла́) домо́й, пла́тье мне бо́льше не нра́вилось.
> Я купи́л(а) брю́ки. — А когда́ я пришёл(шла́) домо́й, брю́ки мне бо́льше не нра́вились.

а. ю́бка **б.** боти́нки **в.** га́лстук **г.** пальто́ **д.** костю́м **е.** руба́шка **ж.** блу́зка **з.** часы́

8.

> Буты́лка стои́т на столе́. — Ви́ктор поста́вил буты́лку на стол.
> Пальто́ лежи́т на сту́ле. — Ви́ктор положи́л пальто́ на стул.
> Шля́па виси́т на ве́шалке. — Ви́ктор пове́сил шля́пу на ве́шалку.

а. Каранда́ш лежи́т на кни́ге. **б.** Стака́ны стоя́т на шкафу́. **в.** Пальто́ виси́т в шкафу́. **г.** Боти́нки стоя́т на полу́. **д.** Часы́ лежа́т в су́мке. **е.** Ключ виси́т на стене́. **ж.** Письмо́ лежи́т в кни́ге. **з.** Кастрю́ля стои́т на плите́.

*9.

> Куда́ поста́вить буты́лку? — На стол, пожа́луйста.
> Куда́ положи́ть письмо́? — На телеви́зор, пожа́луйста.

а. телеви́зор **б.** брю́ки **в.** су́мка **г.** буты́лка **д.** холоди́льник **е.** боти́нки **ж.** ключ **з.** письмо́

*10.

> Вы зна́ете, с кем игра́л Ви́ктор? — Неуже́ли с Ни́ной?
> Вы зна́ете, каку́ю ю́бку но́сит Ве́ра? — Неуже́ли си́нюю?

а. . . ., каки́е на Ве́ре ту́фли? **б.** . . ., кто зашёл? **в.** . . ., кого́ я пригласи́л(а)? **г.** . . ., куда́ я сходи́л(а)? **д.** . . ., что э́то за буты́лка? **е.** . . ., в кого́ я влюби́лся(лась)? **ж.** . . ., где я поу́жинал(а)? **з.** . . ., что я купи́л(а)? **и.** . . ., кото́рый тепе́рь час? **й.** . . ., ско́лько во́дки мы вы́пили? **к.** . . ., чем я занима́лся(лась)? **л.** . . ., почему́ я пришёл(шла́)? **м.** . . ., чьи э́то часы́? **н.** . . ., кому́ я привёз(ла́) сувени́р? **о.** . . ., на ком пла́тье? **п.** . . ., когда́ бу́дет съезд? **р.** . . ., с кем я рабо́тал(а)? **с.** . . ., о чём мы разгова́ривали?

11.

Он руководи́т коллекти́вом. Кто э́то? — Э́то констру́ктор. Она́ стро́гая. Она́ рабо́тает в шко́ле. Кто э́то? — Э́то учи́тельница Га́ля.

а. Он встре́тил ста́рого знако́мого. **б.** Она́ пока́ не рабо́тает. **в.** Её ру́чка не пи́шет. **г.** Она́ не за́втракает. **д.** Он бо́льше не смо́трит телеви́зор. **е.** Она́ хоте́ла заказа́ть борщ. **ж.** Он всегда́ надева́л се́рые костю́мы. **з.** Они́ получи́ли ключ от но́мера у дежу́рной. **и.** Его́ пригласи́ли во Дворе́ц пионе́ров. **й.** Она́ купи́ла спорти́вный костю́м. **к.** Он сказа́л, что он обяза́тельно привезёт сувени́р. **л.** Он не взял ключ. **м.** Ему́ сдаю́т анке́ты.

* 12.

Все смо́трят телеви́зор. — Кро́ме Вале́рия и Ве́ры. Они́ съе́ли всё. — Кро́ме ма́сла.

а. В меню́ есть всё. **б.** В шкафу́ есть всё. **в.** Бори́с нашёл всё. **г.** Ива́н зна́ет всё. **д.** Я наде́л(а) всё. **е.** Я опа́здываю всегда́. **ж.** Мы съе́ли всё. **з.** Мы всё записа́ли. **и.** Все опозда́ли. **й.** Я привёз(ла́) всё. **к.** Я взял(а́) всё. **л.** Все пришли́.

* 13.

Я бо́льше не игра́ю в те́ннис. — Я игра́ю сейча́с в волейбо́л. Я бо́льше не хожу́ в магази́ны. — Мой муж хо́дит сейча́с за меня́.

а. носи́ть ю́бки **б.** опа́здывать **в.** носи́ть бе́лые блу́зки **г.** гуля́ть по бе́регу **д.** помога́ть Ве́ре **е.** есть ры́бу **ж.** пить ко́фе **з.** приходи́ть в во́семь часо́в **и.** убира́ть в кварти́ре

14. Ergänzen Sie.

а. Говори́ не так гро́мко. У стен есть . . . **б.** Почему́ не узна́ть? Ра́зве он бо́лен? — . . . **в.** Вале́рий наде́л сего́дня но́вый све́тлый костю́м. — Но . . . **г.** Кро́ме того на нём краси́вый жёлтый га́лстук. — Но . . . **д.** А кака́я на нём руба́шка? — . . . **е.** Как ты зна́ешь, он всегда́ носи́л чёрные боти́нки, а сего́дня . . . **ж.** . . .? — Нет, опозда́л. **з.** А пальто́ Вале́рия не виси́т на ве́шалке. Он . . . **и.** По-мо́ему, он всегда́ ве́шал пальто́ на ве́шалку, никогда́ не . . . **й.** Я ду́маю, Вале́рий влюби́лся. — . . .

15. Ergänzen Sie den Dialog.

а. . . .? — На Оле́ге Бори́совиче кра́сный га́лстук.
б. . . .? — Руба́шка бе́лая.
в. . . .? — Да, чёрный.
г. И Оле́г Бори́сович купи́л цветы́. — . . .?
д. Ве́ре Льво́вне. — . . .?
е. У Ве́ры Льво́вны сего́дня день рожде́ния. — . . .?
ж. Нет, я совсе́м забы́ла. — Я то́же.

16. Beantworten Sie folgende Fragen zum Text:

а. Кем рабо́тают Ни́на и Ве́ра? **б.** Кто Вале́рий? **в.** Где рабо́тают Ни́на, Ве́ра и Вале́рий? **г.** Как Ни́на заме́тила, что Вале́рий влюби́лся? **д.** Почему́ Ве́ра счита́ет, что тру́дно пове́рить, что Вале́рий влюби́лся? **е.** Как вы ду́маете, кому́ Вале́рий принёс цветы́? **ж.** Что наде́л Вале́рий? **з.** По-ва́шему, оде́жда Вале́рия краси́вая? **и.** Что зна́чит «у стен есть у́ши»? **й.** Что сде́лают Ве́ра и Ни́на?

***17. Ве́ра расска́зывает.**

***18. Beantworten Sie folgende persönliche Fragen:**

а. У вас есть све́тлый костю́м? **б.** У вас есть жёлтый га́лстук? **в.** У вас есть си́няя руба́шка? **г.** У вас есть бе́лая руба́шка? **д.** У вас есть чёрные боти́нки? **е.** У вас есть све́тло-кори́чневые ту́фли? **ж.** У вас есть краси́вая ю́бка? **з.** У вас есть зелёное пла́тье? **и.** У вас есть се́рое пальто́? **й.** У вас есть бе́лая блу́зка? **к.** У вас есть спорти́вный костю́м? **л.** Вы иногда́ опа́здываете на рабо́ту (в шко́лу)? **м.** Вы иногда́ кладёте пальто́ на стул? **н.** Вы всегда́ говори́те «до́брое у́тро», когда́ вы прихо́дите на рабо́ту? **о.** Что вы наде́ли сего́дня? **п.** Что вы наде́нете за́втра?

***19.**

Лари́са не рабо́тает. Э́то удиви́тельно? — Нет. У Лари́сы ма́ленькие де́ти. Поэ́тому она́ пока́ не рабо́тает.

а. Вале́рий влюби́лся. **б.** Лабора́нтки смо́трят на Вале́рия. **в.** Пионе́ры пригласи́ли изве́стного констру́ктора. **г.** Ива́н бо́льше не обе́дает

14

с Са́шей и Серёжей. **д.** Ива́н слу́шает ле́кции профе́ссора Петро́ва. **е.** Вале́рий не сказа́л «до́брое у́тро». **ж.** Петро́вы полете́ли в Москву́. **з.** Петро́вы про́сят администра́тора разбуди́ть их. **и.** Оле́г уви́дел Васи́лия на у́лице. **й.** Ю́рий Андре́евич не привёз Татья́не Ива́новне сувени́р из Фра́нкфурта-на-Ма́йне. **к.** Бори́с пригото́вил у́жин. **л.** Де́душка не принёс буты́лку молока́.

*** 20.**

Войти́ в кварти́ру тру́дно? — Нет, нетру́дно. — Смотря́ в каку́ю. — Е́сли у вас есть ключ, э́то нетру́дно.

а. игра́ть в футбо́л **б.** пла́вать **в.** встава́ть в шесть часо́в **г.** прочита́ть рома́н **д.** гото́вить борщ **е.** отопи́ть ко́мнату **ж.** найти́ рабо́чее ме́сто **з.** принести́ кре́сло

*** 21.**

Ты уже́ пла́вал(а) в бассе́йне? — Я уже́ ча́сто пла́вал(а) в бассе́йне. — Я ещё никогда́ не пла́вал(а) в бассе́йне. Ты уже́ взял(а́) но́вую су́мку? — Я уже́ ча́сто брал(а́) но́вую су́мку. — Я раз то́лько взял(а́) но́вую су́мку.

а. влюби́ться **б.** опозда́ть **в.** вы́полнить чертежи́ **г.** пригласи́ть дире́ктора **д.** постро́ить дом **е.** помо́чь ба́бушке **ж.** встава́ть в оди́ннадцать часо́в дня **з.** есть икру́ **и.** запо́лнить анке́ту **й.** пить кефи́р **к.** пить ко́фе с лимо́ном **л.** купи́ть телеви́зор **м.** купи́ть дом **н.** носи́ть у́зкие брю́ки **о.** забы́ть взять докуме́нты **п.** сходи́ть к врачу́

22. Кому́ ве́рить?

Ве́ра: Вале́рий пришёл во́время сего́дня. Ни́на: Вале́рий опозда́л сего́дня на рабо́ту. Я ве́рю Ни́не. Вале́рий влюби́лся. Он ду́мает то́лько о де́вушке. Поэ́тому он опозда́л сего́дня.

а. Ви́ктор Петро́вич: Мари́я Макси́мовна ушла́ в теа́тр.
Ива́н Степа́нович: Мари́я Макси́мовна ушла́ к подру́ге.

б. Официа́нт: Вы заказа́ли буты́лку бе́лого вина́.
Га́ля: Я заказа́ла буты́лку минера́льной воды́.

в. Ма́ма: Су́мка в ку́хне на полу́.
Ни́на: Су́мка в ку́хне на сту́ле.

г. Ю́рий Андре́евич: Я забы́л па́спорт до́ма.
Татья́на Ива́новна: Вы положи́ли па́спорт под биле́т.

д. Ве́ра: Нетру́дно изуча́ть неме́цкий язы́к.
Ива́н: Тру́дно изуча́ть неме́цкий язы́к.

е. Тама́ра: В Ирку́тске час но́чи. Здесь, в Москве́, должно́ быть, де́вять часо́в ве́чера.
Ви́ктор: В Ирку́тске час но́чи. Здесь, в Москве́, должно́ быть, во́семь часо́в ве́чера.

ж. Лев: Ох, и уста́л же я сего́дня.
Лари́са: И я уста́ла!

з. Оле́г: У нас сын и дочь.
Васи́лий: У Оле́га два сы́на.

и. Констру́ктор: Сове́тский сверхзвуково́й самолёт лу́чше.
Газе́та: Францу́зско-англи́йский сверхзвуково́й самолёт лу́чше.

***23. Си́ний костю́м**

1 2 3 4

(си́ний) (се́рый)

14

5

(зелёный)

6

(чёрный)

7

8

(си́ний)

9

10

1. Граждани́н из дере́вни

1

2

3

4

5

6

7

2.

Ви́ктор живёт на тре́тьем . . . и́ли четвёртом этаже́. Ни́на живёт на деся́том . . . и́ли оди́ннадцатом этаже́.

а. Вячесла́в/ 4 **б.** Ви́ктор/ 11 **в.** Мари́я Макси́мовна/ 1 **г.** Васи́лий/ 6 **д.** Лев/ 13 **е.** Ве́ра Никола́евна/ 8 **ж.** Со́ня/ 2

15

3.

> Я спроси́л врача́. — Како́го? Ста́рого и́ли молодо́го?
> Я живу́ в общежи́тии. — В како́м? В ста́ром и́ли но́вом? (В больш**о́**м и́ли ма́леньком?)

а. Я прие́хал(а) на авто́бусе. **б.** У меня́ есть чемода́н. **в.** Я наде́ну шля́пу. **г.** Я рабо́тал(а) в лаборато́рии. **д.** Я разгова́ривал(а) с констру́ктором. **е.** На трамва́йной остано́вке стоя́ли лю́ди. **ж.** Я написа́л(а) письмо́ ру́чкой. **з.** Я пла́ваю в бассе́йне. **и.** Мы жи́ли в гости́нице. **й.** У нас но́вая секрета́рь-машини́стка. **к.** Я пригласи́л(а) фи́зика. **л.** Я обра́довал(а) его́ буты́лкой вина́. **м.** Я рассказа́л(а) о пла́нах. **н.** Я ждал до́лго. **о.** Я люблю́ пе́сни. **п.** Я разогре́л(а) суп.

4.

> Я слы́шал(а) о ра́зных фа́бриках. — А об э́той фа́брике я ещё ничего́ не слы́шал(а).
> Я слы́шал(а) о ра́зных теа́трах. — А об э́том теа́тре я ещё ничего́ не слы́шал(а).

а. го́род **б.** лаборато́рия **в.** фи́зик **г.** общежи́тие **д.** шко́ла **е.** молодо́й челове́к **ж.** столо́вая **з.** профе́ссор

5. Setzen Sie «мой», «твой», «наш», «ваш» oder «свой» in den entsprechenden Formen ein.

а. Где моя́ су́мка? — Я . . . су́мку не ви́дел(а). **б.** Где ваш чемода́н? — Я не взял(а́) . . . чемода́н. **в.** Вам ну́жно сойти́. Вы прое́хали . . . остано́вку. **г.** Я поду́маю. Я отве́чу на . . . вопро́с за́втра. **д.** Ты бо́лен(льна́). Я вы́полню и . . . чертежи́. **е.** Я помы́л(а) свою́ посу́ду. А я не успе́л(а) помы́ть . . . посу́ду. **ж.** Я дал(а́) Васи́лию свою́ ша́пку-уша́нку. Он наде́л . . . ша́пку-уша́нку. **з.** Вот мой а́дрес. Запиши́те, пожа́луйста, и . . . а́дрес.

6.

> На́до спроси́ть Вале́рия? — Я то́же не зна́ю, кого́ на́до спроси́ть.
> На́до купи́ть лека́рство? — Я то́же не зна́ю, что на́до купи́ть.

а. На́до сойти́ на э́той остано́вке? **б.** Она́ влюби́лась в Вале́рия? **в.** На́до сдать ключ администра́тору? **г.** Ключ у Ве́ры? **д.** Он взял такси́, что́бы не опозда́ть? **е.** На́до говори́ть с дире́ктором? **ж.** Дире́ктор спроси́л о чертежа́х?

7.

Ви́ктор сади́тся. — Но я не сажу́сь. Ви́ктор смеётся. — Но я на смею́сь.

а. удивля́ться **б.** влюбля́ться **в.** нра́виться **г.** обраща́ться к констру́ктору **д.** занима́ться спо́ртом **е.** смотре́ть телеви́зор **ж.** беспоко́иться **з.** рабо́тать **и.** смея́ться **й.** сади́ться

8.

Моя́ дочь ещё не пришла́ домо́й. — Но я не беспоко́юсь. Дочь Никола́я Петро́вича ещё не пришла́ домо́й. — Но он не беспоко́ится.

а. на́ша дочь **б.** дочь Ве́ры Васи́льевны **в.** моя́ дочь **г.** дочь Льва и Лари́сы **д.** твоя́ дочь **е.** ва́ша дочь

9.

Вы должны́ всегда́ сади́ться. — Сади́тесь. Ты до́лжен(должна́) занима́ться спо́ртом. — Занима́йся спо́ртом.

а. вы/ занима́ться спо́ртом **б.** ты/ обрати́ться к Мари́и Макси́мовне **в.** ты/ смея́ться **г.** вы/ сойти́ с авто́буса **д.** вы/ обрати́ться к администра́тору **е.** ты/ поня́ть меня́ **ж.** вы/ не беспоко́иться **з.** ты/ сади́ться **и.** ты/ не беспоко́иться **й.** вы/ не опа́здывать **к.** ты/ всегда́ обраща́ться к инжене́ру

10.

Ещё не понима́ешь. — Но ско́ро поймёшь. Ива́н ещё не понима́ет. — Но ско́ро поймёт.

а. Ни́на **б.** мы **в.** вы **г.** де́ти **д.** я

11.

У меня́ нет ключа́. — Я не могу́ откры́ть дверь. У меня́ не́ было ключа́. — Я не мог(ла́) откры́ть дверь.

а. У нас нет ключа́. **б.** У Со́ни не́ было ключа́. **в.** У вас нет ключа́. **г.** У меня́ не́ было ключа́. **д.** У администра́тора не́ было ключа́. **е.** У ба́-

бушки и де́душки нет ключа́. **ж.** У тебя́ нет ключа́. **з.** У вас не́ было ключа́. **и.** У Ви́ктора Петро́вича нет ключа́. **й.** У О́ли и Алёши не́ было ключа́. **к.** У меня́ нет ключа́. **л.** У нас не́ было ключа́.

12. Извини́те, я не зна́ю, где университе́т. — Вы не ска́жете, как пройти́ к университе́ту?
Извини́те, я не зна́ю, где по́чта. — Вы не ска́жете, как пройти́ к по́чте?

а. остано́вка **б.** дворе́ц пионе́ров **в.** бассе́йн **г.** общежи́тие **д.** у́лица Льва Толсто́го **е.** зал № 9 **ж.** гости́ница «Ю́ность» **з.** стадио́н

13. Где но́мер Серге́я Бори́совича? — Э́то пя́тая дверь нале́во.

а. Васи́лий **б.** Бори́с
в. Лев **г.** Оле́г **д.** Вале́рий
е. Валенти́н **ж.** И́горь
з. Серге́й **и.** Степа́н

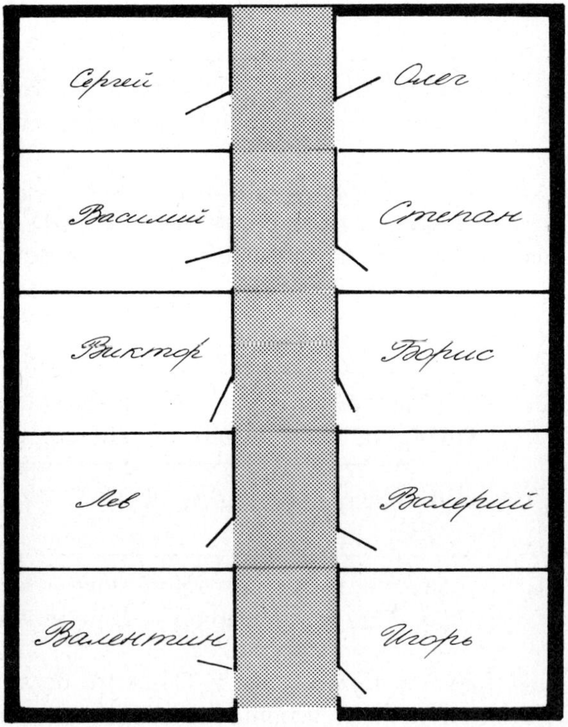

14.

> Ра́ньше я помога́л ему́. — А тепе́рь наоборо́т. Он помога́ет мне.
> Ра́ньше я узнава́л(а) но́вости от неё. — А тепе́рь наоборо́т. Она́ узнаёт но́вости от меня́.

а. Я удивля́лся(лась) ему́. **б.** Он приглаша́л меня́ **в.** Она́ расска́зывала мне но́вости. **г.** Он заходи́л ко мне. **д.** Я ждал(а́) её.

15.

> Ра́ньше я сиде́л(а), а он стоя́л. — Тепе́рь наоборо́т. Я стою, а он сиди́т.
> Ра́ньше она́ надева́ла брю́ки, а я надева́ла ю́бки. — Тепе́рь наоборо́т. Я надева́ю брю́ки, а она́ надева́ет ю́бки.

а. говори́ть/ слу́шать **б.** спра́шивать/ отвеча́ть **в.** гото́вить у́жин/ накрыва́ть на стол **г.** спать/ буди́ть **д.** удивля́ться/ понима́ть **е.** опа́здывать/ ждать **ж.** жить далеко́ от ме́ста рабо́ты/ . . . бли́зко от . . . **з.** ходи́ть в теа́тр/ на стадио́н **и.** мыть посу́ду/ стира́ть бельё **й.** жить в го́роде/ в дере́вне **к.** носи́ть пла́тья/ брю́ки **л.** ходи́ть в магази́н/ писа́ть спи́ски **м.** пить вино́/ чай

*** 16.**

> К гости́нице я прое́ду на трамва́е. — Лу́чше прое́хать на авто́бусе.
> Я куплю́ кори́чневый костю́м. — Лу́чше купи́ть чёрный костю́м.

а. Я е́ду на авто́бусе. **б.** Я наде́ну шля́пу. **в.** Я занима́юсь литерату́рой. **г.** Я игра́ю в те́ннис. **д.** Я схожу́ в теа́тр. **е.** Я рабо́таю в шко́ле. **ж.** Я пишу́ карандашо́м. **з.** Я живу́ на пя́том этаже́. **и.** Я смотрю́ телеви́зор. **й.** Я пью ко́фе. **к.** Я удивля́юсь. **л.** Я наде́ну блу́зку и ю́бку. **м.** Я жду. **н.** Я поу́жинаю в рестора́не. **о.** Я поста́влю цветы́ на шкаф.

17. Ergänzen Sie.

а. — К гости́нице «Восхо́д»? — Да. — Но ведь э́то далеко́. Лу́чше всего́ . . . **б.** Посмотри́те нале́во. Ви́дите — . . .? **в.** Вот на э́том трамва́е мо́жете дое́хать . . . **г.** Но я то́лько что сошёл . . . **д.** Для чего́ вы . . .? **е.** Там граждани́н ря́дом со мной сказа́л, что . . . **ж.** Тепе́рь наоборо́т. Вы стои́те, а он . . . **з.** Одна́, две, три, четы́ре, пять, . . . шеста́я остано́вка . . . **и.** . . . совсе́м бли́зко.

18. Beantworten Sie folgende Fragen zum Text:

а. На остано́вке стоя́т два и́ли три граждани́на? **б.** Гра́ждане на трамва́йной остано́вке из го́рода? **в.** На гра́жданах шля́пы? **г.** У них чемода́ны? **д.** Граждани́н из дере́вни спра́шивает, как пройти́ к гости́нице «Ю́ность» и́ли «Восхо́д»? **е.** К гости́нице «Восхо́д» лу́чше прое́хать на трамва́е и́ли авто́бусе? **ж.** Граждани́н из дере́вни уже́ прое́хал свою́ остано́вку и́ли нет? **з.** Кто удивля́ется, граждани́н из го́рода и́ли граждани́н из дере́вни? **и.** На како́й остано́вке граждани́ну из дере́вни ну́жно сойти́? **й.** Почему́ граждани́н в трамва́е сказа́л граждани́ну из дере́вни, что он уже́ прое́хал свою́ остано́вку?

19. Finden Sie Fragen zu folgenden Antworten:

а. . . . — К теа́тру вы мо́жете прое́хать на авто́бусе.
б. . . . — Лу́чше всего́ прое́хать на 82-о́м авто́бусе.

в. . . . — Посмотри́те нале́во. Вот остано́вка 82-о́го авто́буса.
г. . . . — Нет, я е́ду на 85-ом авто́бусе.
д. . . . — Одна́, две, три, четвёртая остано́вка и бу́дет теа́тр.
е. . . . — Нет, от остано́вки теа́тр совсе́м бли́зко. У вас уже́ есть биле́ты?
ж. . . . — Нет, сейча́с то́лько шесть часо́в.
з. Большо́е спаси́бо. До свида́ния. — Не́ за что [1]. До свида́ния.

*** 20. Sie erzählen die Anekdote Ihrem Bekannten.**

Benutzen Sie die Gegenwart und die Vergangenheit.

*** 21. Граждани́н из го́рода расска́зывает.**

*** 22. Граждани́н из трамва́я расска́зывает.**

*** 23. В ва́шем го́роде.**

Вы не ска́жете, как прое́хать к гости́нице? — Мо́жете дое́хать до гости́ницы на авто́бусе № три́дцать шесть. Сойди́те на пя́той остано́вке.

а. . . ., как прое́хать к стадио́ну? **б.** . . ., где здесь хоро́ший магази́н, что́бы купи́ть проду́кты? **в.** . . ., как прое́хать к бассе́йну? **г.** . . ., где здесь есть хоро́ший рестора́н? Я хочу́ пообе́дать. **д.** . . ., как прое́хать к библиоте́ке? **е.** . . ., как прое́хать к кинотеа́тру? **ж.** . . ., как прое́хать к шко́ле? **з.** . . ., как пройти́ к по́чте? **и.** . . ., где здесь есть хоро́шая апте́ка?

[1] = keine Ursache

*** 24. Почему́ он не встаёт?**

1

2

3

4

5

6

7

8

* 1. Óтпуск и каникулы

1

2

3

4

5

6

7

8

9

16

2.

> Экза́мены бу́дут в ма́е. — В пе́рвой и́ли во второ́й полови́не ма́я?
> О́тпуск бу́дет в а́вгусте. — В пе́рвой и́ли во второ́й полови́не а́вгуста?

а. о́тпуск/ 2 **б.** кани́кулы/ 4 **в.** съезд/ 6 **г.** экза́мены/ 12 **д.** кани́кулы/ 7 **е.** съезд/ 3 **ж.** о́тпуск/ 10 **з.** экза́мены/ 1 **и.** о́тпуск/ 9 **й.** съезд/ 11

3.

> Когда́ вы бу́дете в Москве? В середи́не ма́я? — Да, с деся́того ма́я.
> Когда́ вы бу́дете в Москве́? В конце́ ма́рта? — Да, с двадца́того ма́рта.
> Когда́ вы бу́дете в Москве́? В нача́ле весны́? — Да, с ма́рта.

а. в нача́ле октября́ **б.** в середи́не а́вгуста **в.** в конце́ о́сени **г.** в конце́ января́ **д.** в нача́ле зимы́ **е.** в середи́не февраля́ **ж.** в середи́не ле́та **з.** в нача́ле ноября́ **и.** в конце́ весны́ **й.** в конце́ сентября́ **к.** в середи́не зимы́ **л.** в нача́ле апре́ля **м.** в нача́ле о́сени **н.** в конце́ зимы́ **о.** в конце́ декабря́ **п.** в конце́ ле́та

4.

> Приезжа́йте к нам в ию́не. — Ле́том у нас всегда́ хорошо́.
> Приезжа́йте к нам в октябре́. — О́сенью у нас всегда́ хорошо́.

а. 8 **б.** 2 **в.** 4 **г.** 11 **д.** 5 **е.** 7 **ж.** 1 **з.** 9

5.

> О́тпуск начина́ется пе́рвого сентября́ . . . и конча́ется два́дцать пе́рвого сентября́. (21/IX)
> Кани́кулы начну́тся пе́рвого ию́ля . . . и ко́нчатся тридца́того а́вгуста. (30/VIII)
> О́тпуск начался́ оди́ннадцатого ма́я . . . и ко́нчился два́дцать восьмо́го ию́ня. (28/VI)

а. О́тпуск начнётся 15/IX и . . . (30/IX) **б.** Кани́кулы начина́ются 1/VII . . . (31/VIII) **в.** Съезд начался́ 10/V . . . (15/V) **г.** Экза́мены начну́тся 15/VIII . . . (20/VIII) **д.** Съезд начина́ется 3/X . . . (10/X) **е.** Кани́кулы начали́сь 19/XII . . . (5/I)

6.

> Когда́ ко́нчится о́тпуск? — Он уже́ ко́нчился.
> Когда́ ко́нчатся экза́мены? — Они́ уже́ ко́нчились.
> Когда́ начнётся съезд? — Он уже́ начался́.

а. встре́ча/ нача́ться **б.** докла́д/ ко́нчиться **в.** совеща́ние/ ко́нчиться **г.** ле́кция/ ко́нчиться **д.** экза́мены/ нача́ться **е.** обе́д/ нача́ться **ж.** рабо́ты/ ко́нчиться **з.** интервью́/ нача́ться **и.** ле́то/ нача́ться **й.** у́жин/ ко́нчиться

7.

> Я начну́ рабо́ту за́втра.
> Съезд начнётся за́втра.
> Мы на́чали письмо́ вчера́.

а. Курс . . . за́втра. **б.** Уче́бный год . . . вчера́. **в.** Зима́ . . . за́втра. **г.** Ле́то . . . за́втра. **д.** Петро́вы . . . рабо́ту за́втра. **е.** Неде́ля . . . вчера́. **ж.** Кани́кулы . . . за́втра. **з.** О́тдых . . . вчера́.

*** 8.**

> Чего́ вы жела́ете студе́нту? — Я жела́ю ему́ успе́ха.
> Чего́ вы жела́ете домохозя́йке? — Я жела́ю ей о́тдыха.

а. стройотря́д **б.** монта́жник **в.** сосе́д **г.** жена́ (муж) **д.** учи́тель (учи́тельница) **е.** строи́тель **ж.** врачи́ **з.** Лари́са **и.** Ю́рий Андре́евич

16 * 9. **Wünschen Sie Ihren Bekannten und anderen Kursteilnehmern etwas.**

* 10. **Geben Sie Erklärungen mit «поэ́тому» oder «потому́ что».**

Я был бо́лен. — Поэ́тому я не пришёл. Ве́ра помога́ет Ива́ну, потому́ что она́ хорошо́ зна́ет неме́цкий язы́к.

а. Ви́ктор Петро́вич не взял ключ, а жена́ ушла́ в теа́тр **б.** Лев пришёл с рабо́ты по́здно **в.** Монта́жник лю́бит ката́ться на лы́жах **г.** Ви́ктор Петро́вич и Ива́н Степа́нович у́жинают вме́сте **д.** У Ю́рия Андре́евича всё в поря́дке **е.** Де́душка не купи́л молоко́ **ж.** Де́вушка не ду́мает о кани́кулах **з.** У Ива́на подру́га **и.** Ру́чка Тама́ры не пи́шет **й.** Ю́рий Андре́евич успе́л на самаолёт **к.** Вале́рия про́сто не узна́ть **л.** Домохозя́йка пока́ не рабо́тает **м.** Я пенсионе́р **н.** Петро́вы про́сят администра́тора разбуди́ть их в семь часо́в.

11.

Я вчера́ помы́л посу́ду. — Сего́дня ты помо́ешь посу́ду. Я вчера́ ката́лся(лась) на лы́жах. — Сего́дня ты бу́дешь ката́ться на лы́жах.

а. игра́ть с детьми́ **б.** переста́вить часы́ **в.** получи́ть письмо́ **г.** гуля́ть **д.** помога́ть Ива́ну **е.** убра́ть в кварти́ре **ж.** разгова́ривать с администра́тором **з.** отопи́ть ко́мнату **и.** нача́ть **й.** сдать кни́ги **к.** отвеча́ть на вопро́сы **л.** принести́ проду́кты **м.** показа́ть сувени́ры

12.

День — Я был(а́) бо́лен(льна́) весь день. Зима́ — Я был(а́) бо́лен(льна́) всю зи́му.

а. ме́сяц **б.** неде́ля **в.** дека́брь **г.** ле́то **д.** весна́ **е.** год **ж.** о́сень **з.** о́тпуск **и.** вре́мя

13.

Како́й у вас дом? Большо́й и́ли ма́ленький? — Сре́дний. Кака́я у вас библиоте́ка? Больша́я и́ли ма́ленькая? — Сре́дняя.

а. авто́бус **б.** шля́па **в.** чемода́н **г.** у́ши **д.** турба́за **е.** общежи́тие **ж.** глаза́ **з.** зал **и.** семья́

14. Ergänzen Sie.

а. В нача́ле ле́та корреспонде́нт Моско́вского ра́дио взял интервью́ ... **б.** Ле́том я должна́ гото́виться к вступи́тельным экза́менам. Они́ начина́ются ... **в.** А когда́ конча́ются экза́мены? — ... **г.** На турба́зе возьму́ ло́дку и пала́тку. Я люблю́ ... **д.** В э́том году́ наш студе́нческий стройотря́д ... **е.** А пе́рвого сентября́ начина́ется ... **ж.** Я домохозя́йка. Пока́ не рабо́таю, потому́ что ... **з.** У меня́ всегда́ о́тпуск. Я ...

15. Beantworten Sie folgende Fragen zum Text:

а. Где, когда́ и как абитурие́нтка ду́мает провести́ кани́кулы? **б.** ... строи́тель ду́мает провести́ о́тпуск? **в.** ... монта́жник ... **г.** ... студе́нт ду́мает провести́ кани́кулы? **д.** ... пенсионе́р ду́мает провести́ о́тпуск? **е.** ... домохозя́йка ...? **ж.** Чего́ жела́ет корреспонде́нт студе́нту? **з.** ... строи́телю? **и.** ... монта́жнику?

***16. Монта́жник расска́зывает.**

***17. Корреспонде́нт расска́зывает.**

***18.**

> Я ду́маю провести́ о́тпуск в Подмоско́вье, потому́ что Подмоско́вье недалеко́ от нас. Мы живём в подмоско́вном го́роде.
> Я ду́маю пригото́вить борщ сего́дня ве́чером, потому́ что му́ж о́чень лю́бит борщ. Он говори́т, что мой борщ всегда́ о́чень вку́сный.

а. отдыха́ть **б.** купи́ть но́вую ру́чку **в.** встать **г.** переста́вить часы́ **д.** заказа́ть соля́нку **е.** купи́ть но́вые брю́ки **ж.** взять су́мку **з.** зада́ть вопро́сы

***19.**

> Почему́ констру́ктор пришёл во Дворе́ц пионе́ров? — Потому́ что пионе́ры его́ пригласи́ли.
> Почему́ вы е́дете на рабо́ту на авто́бусе? — Потому́ что бли́зко от до́ма авто́бусная остано́вка. Авто́бус е́дет пря́мо к ме́сту рабо́ты.

а. Почему́ вы не отдыха́ли? **б.** Почему́ вы не поступи́ли в университе́т? **в.** Почему́ вы не схо́дите? **г.** Почему́ вы не смеётесь? **д.** Почему́ вы прое́хали свою́ остано́вку? **е.** Почему́ вы не помога́ете? **ж.** Почему́ вы не спи́те? **з.** Почему́ вы не слу́шаете? **и.** Почему́ вы прие́дете в а́вгусте? **й.** Почему́ вы занима́етесь поли́тикой? **к.** Почему́ вы не обе́даете? **л.** Почему́ вы не пьёте шампа́нское? **м.** Почему́ вы не встреча́ете Оле́га? **н.** Почему́ вы не сади́тесь? **о.** Почему́ вы не смо́трите в ку́хне? **п.** Почему́ вы не за́втракаете? **р.** Почему́ вы не принесли́ кефи́р? **с.** Почему́ вы не пришли́? **т.** Почему́ вы кричи́те? **у.** Почему́ вы не убира́ете в кварти́ре? **ф.** Почему́ вы не взя́ли чемода́н? **х.** Почему́ вы не получа́ете пи́сьма? **ц.** Почему́ вы не чита́ете газе́ту?

20. Beantworten Sie folgende persönliche Fragen:

а. Когда́ вы поступи́ли в сре́днюю шко́лу? **б.** Когда́ вы око́нчили сре́днюю шко́лу? **в.** Когда́ вы поступи́ли на рабо́ту? **г.** Когда́ вы жени́лись? **д.** Когда́ вы пришли́ сюда́? **е.** Когда́ вы сда́ли экза́мены? **ж.** Когда́ вы купи́ли телеви́зор? **з.** Когда́ вы получи́ли па́спорт? **и.** Когда́ вы встре́тили ста́рого знако́мого (ста́рую знако́мую)? **й.** Когда́ вы на́чали курс ру́сского языка́? **к.** Когда́ вы игра́ли в волейбо́л? **л.** Когда́ у вас хоро́шая пого́да? **м.** Когда́ у вас лежи́т снег? **н.** Когда́ вы еди́те моро́женое? **о.** Когда́ вы спи́те?

*** 21. Расскажи́те о ва́шем о́тпуске.**

*** 22. На турба́зе**

1 2 3 4

5

6

7

8

9

17 * 1. Интури́ст

1

2
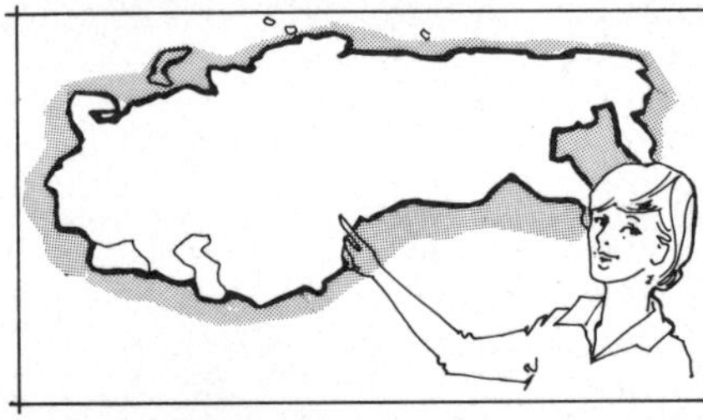

3

4

5

6

7

8

9

11

10
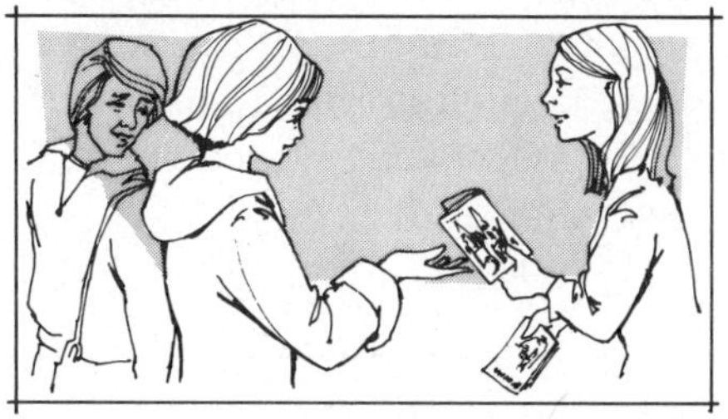

12

2. Ergänzen Sie die richtige Substantivform.

дверь: Он подошёл к две́ри.

а. печь: В . . . есть у́голь. **б.** но́вость: Кака́я . . .? **в.** ночь: Я вста́л(а) . . . **г.** часть: В како́й . . . страны́ вы побыва́ли? **д.** печь: Пока́ . . . нет. Но ско́ро привезу́т . . . **е.** цель: С како́й . . . вы там побыва́ли? **ж.** по́дпись: Вы непра́вильно запо́лнили анке́ту. Нет . . . **з.** дверь: Мы рабо́тали над . . . **и.** о́сень: В нача́ле . . . у нас тепло́. **й.** ночь: Я чита́л(а) всю . . . **к.** о́сень: Лу́чше прие́хать сюда́ . . . **л.** но́вость: О каки́х . . . вы ещё зна́ете? **м.** часть: Каки́е . . . страны́ вы хоти́те ещё посети́ть? **н.** пло́щадь: Гум на Кра́сной . . . **о.** печь: Она́ подошла́ к . . .

3.

Я до́лжен(должна́) встре́тить врача́ в аэропорту́. — Я зна́ю его́ фами́лию, но не зна́ю его́ в лицо́. Я до́лжен(должна́) встре́тить в аэропорту́ учи́тельницу. — Я зна́ю её фами́лию, но не зна́ю её в лицо́.

а. корреспонде́нт **б.** тури́ст и гид-перево́дчица **в.** профе́ссор **г.** дире́ктор с семьёй **д.** секрета́рь-машини́стка

4. Setzen Sie «свой», «его́», «её» oder «их» ein.

а. Людми́ла но́сит ю́бки. Но я не люблю́ . . . ю́бки. **б.** На Алёше чи́стая руба́шка. Людми́ла постира́ла . . . руба́шку. **в.** Ни́на купи́ла телеви́зор. Она́ вам пока́жет . . . телеви́зор. **г.** Я попроси́л(а) Ви́ктора показа́ть . . . но́вую руба́шку. **д.** Бори́с бо́лен. А . . . жена́ здоро́ва. **е.** Я переста́вил(а) свои́ часы́. Тама́ра то́же переста́вила . . . часы́? **ж.** Ве́ра занима́ется спо́ртом. . . . де́ти то́же занима́ются спо́ртом. **з.** Монта́жник ду́мает провести́ о́тпуск в подмоско́вном до́ме о́тдыха. Ра́ньше он проводи́л . . . о́тпуск всегда́ на Чёрном мо́ре. **и.** Петро́вы беспоко́ятся. . . . сын ещё не пришёл домо́й. **й.** Я разгова́ривал(а) не с Бори́сом, а с . . . жено́й. **к.** Она́ нашла́ но́вую рабо́ту. Она́ не люби́ла . . . ста́рую рабо́ту.

5.

Я игра́л(а) с де́вочкой. — Ты зна́ешь де́вочку, с кото́рой я игра́л(а). Я встре́тил(а) учи́теля. — Ты зна́ешь учи́теля, кото́рого я встре́тил(а)?

а. Я посети́л(а) шко́лу. **б.** Я ведь отдыха́л(а) на турба́зе. **в.** игра́ть с ма́льчиком **г.** рассказа́ть о де́вушке **д.** разгова́ривать с секретарём-машини́сткой **е.** Прие́хала учи́тельница. **ж.** спроси́ть о пла́нах **з.** встре́тить врача́ **и.** принести́ чертежи́ **й.** дать лю́дям проспе́кты **к.** записа́ть а́дрес де́вушки **л.** быть у дире́ктора **м.** купи́ть но́вое пальто́ **н.** купи́ть телеви́зор

***6.**

Квас вку́сный. — Но квас, кото́рый я вы́пил(а), невку́сный. Соля́нка вку́сная. — Но соля́нка, кото́рую я съе́л(а), была́ невку́сная.

а. Сыр вку́сный. **б.** Пи́во вку́сное. **в.** О́вощи све́жие. **г.** Парохо́ды больши́е. **д.** Бассе́йн недалеко́ от гости́ницы. **е.** Ша́пка-уша́нка тёплая. **ж.** Вопро́сы я́сные. **з.** У́голь хоро́ший. **и.** Лы́жи хоро́шие. **й.** Моро́женое вску́сное. **к.** Стадио́н ма́ленький. **л.** Чемода́ны больши́е. **м.** Ле́кции хоро́шие. **н.** Бутербро́ды вку́сные.

7. Вчера́ ты не хоте́л(а). — А сего́дня вдруг хо́чешь.
Вчера́ Ни́на не хоте́ла. — А сего́дня вдруг хо́чет.

а. Васи́лий **б.** я **в.** Петро́вы **г.** вы **д.** Ве́ра Никола́евна **е.** ты **ж.** де́ти **з.** мы

8. Я хочу́ посети́ть ФРГ. — Поэ́тому я изуча́ю неме́цкий язы́к. Я говорю́ уже́ немно́го по-неме́цки.

а. Фра́нция[1] **б.** А́нглия[2] **в.** А́встрия[3] **г.** Сове́тский Сою́з **д.** Австра́лия[4] **е.** Швейца́рия[5] **ж.** Бе́льгия[6]

9. Мы бы́ли в аэропорту́. — Ско́лько киломе́тров приме́рно от аэропо́рта до до́ма?
Мы бы́ли в библиоте́ке. — Ско́лько киломе́тров приме́рно от библиоте́ки до до́ма?

а. шко́ла **б.** общежи́тие **в.** Дворе́ц пионе́ров **г.** столо́вая **д.** фа́брика **е.** стадио́н **ж.** турба́за **з.** заво́д

10. Мю́нхен нахо́дится . . . на ю́ге ФРГ.
Арха́нгельск нахо́дится . . . на се́вере Сове́тского Сою́за.

а. Га́мбург **б.** Владивосто́к **в.** Минск **г.** Бре́мен **д.** А́угсбург **е.** Брест **ж.** Ташке́нт **з.** БАМ **и.** Дю́ссельдорф **й.** Кавка́з **к.** Ве́на **л.** Бонн **м.** Ленингра́д **н.** Ба́ден-Ба́ден **о.** Ирку́тск **п.** Киль **р.** Ба́зель **с.** И́нсбрук

11. Я хочу́ посети́ть Ленингра́д и други́е города́ Европе́йской ча́сти Сове́тского Сою́за.
Я хочу́ посети́ть Дюссельдо́рф и други́е города́ ФРГ.

а. Оде́сса **б.** Ерева́н **в.** Ки́ев **г.** Ташке́нт **д.** Новосиби́рск **е.** Фра́нкфурт-на-Ма́йне **ж.** Москва́ **з.** Ирку́тск **и.** За́льцбург **й.** Цю́рих

[1] Frankreich [2] England [3] Österreich [4] Australien [5] Schweiz [6] Belgien

12.

Мы бы́ли в По́льше. — Мы прое́хали че́рез всю По́льшу. Мы бы́ли в Ту́рции. — Мы прое́хали че́рез всю Ту́рцию.

Vergleichen Sie mit der Karte auf der dritten Umschlagseite des Lehrbuchs.

а. Япо́ния **б.** Финля́ндия **в.** Сове́тский Сою́з **г.** Чехослова́кия **д.** ФРГ **е.** Кита́й **ж.** Ве́нгрия **з.** Ира́н **и.** Румы́ния

13.

Я зна́ю Майн. — Я уже́ плыл(а́) по Ма́йну на парохо́де. Я зна́ю ФРГ. — Я уже́ побыва́л(а) в ФРГ.

а. По́льша **б.** Днепр **в.** Енисе́й **г.** А́встрия **д.** Москва́-река́ **е.** Бе́льгия **ж.** Во́лга **з.** Швейца́рия **и.** Рейн **й.** Кита́й **к.** Япо́ния **л.** Дуна́й **м.** Не́ккар **н.** Да́ния **о.** Ве́зер **п.** Э́льба

14.

Муж и жена́ изуча́ют ру́сский язы́к на вече́рних ку́рсах. — «Мы с му́жем изуча́ем ру́сский язы́к на вече́рних ку́рсах.» Лев и Лари́са хо́дят в теа́тр. — «Мы с Лари́сой хо́дим в теа́тр.»

а. И́нгрид и Курт Ка́сдорф купа́лись в мо́ре. **б.** Серёжа и Са́ша бу́дут ката́ться на лы́жах. **в.** Ни́на и ма́ма нашли́ лека́рство. **г.** Га́ля и Вячесла́в поу́жинали в рестора́не. **д.** Ива́н и Ве́ра рабо́тают в библиоте́ке.

* 15.

Э́тот ма́льчик вам нра́вится? — Нет, он кричи́т сли́шком гро́мко. Ко́фе вку́сный? — Нет, ко́фе сли́шком кре́пкий.

а. ко́мната **б.** врач **в.** вопро́с **г.** костю́м **д.** де́вушка **е.** дире́ктор **ж.** кварти́ра **з.** шкаф **и.** хлеб

16. Пра́вильно и́ли непра́вильно?

а. Сове́тское тури́стское аге́нтство «Интури́ст» помога́ет сове́тским тури́стам, кото́рые хотя́т посети́ть ФРГ. **б.** Чёрное мо́ре на восто́ке страны́. **в.** Тури́сты мо́гут ме́дленно плыть на по́езде по Днепру́ и́ли Во́лге. **г.** Они́ мо́гут побыва́ть на ю́ге Сове́тского Сою́за, в Сиби́ри.

д. На́до пое́хать на Ру́сский Се́вер зимо́й. **е.** Тогда́ там о́чень хо́лодно. **ж.** В Сре́днюю А́зию на́до е́хать весно́й. **з.** Тогда́ там не о́чень тепло́. **и.** Есть да́же иностра́нные тури́сты, кото́рые е́дут с восто́ка че́рез весь Сове́тский Сою́з до Ти́хого океа́на, из Бре́ста во Владивосто́к. **й.** Мно́гие тури́сты посеща́ют города́ Сиби́ри как, наприме́р, Красноя́рск, Новосиби́рск, Ирку́тск. **к.** Елизаве́та Вита́льевна зна́ет их в лицо́, но не зна́ет их фами́лию. **л.** В тамо́жне Ка́сдорфы сдаю́т чемода́ны. **м.** Ка́сдорфы говоря́т хорошо́ по-ру́сски. **н.** Ка́сдорфы хотя́т проспе́кт о Москве́. **о.** Моско́вский аэропо́рт «Шереме́тьево» бли́зко от го́рода. **п.** От аэропо́рта до це́нтра го́рода приме́рно два́дцать киломе́тров.

17. Ergänzen Sie.

а. В Моско́вском аэропорту́ «Шереме́тьево» их встреча́ет ... **б.** Она́ зна́ет то́лько их фами́лию, но ... **в.** Господи́н и госпожа́ Ка́сдорф заполня́ют тамо́женные деклара́ции и несу́т ... **г.** О! вы говори́те по-ру́сски? — ... **д.** Меня́ зову́т Еле́на Вита́льевна. — ... **е.** Аэропо́рт дово́льно далеко́ от го́рода. От аэропо́рта ... **ж.** Хоти́те проспе́кт о Москве́? — ... **з.** На́до е́хать на Ру́сский Се́вер ле́том. Тогда́ ... **и.** Но в Сре́днюю А́зию на́до е́хать не ле́том, а ... **й.** Ле́том там ... **к.** Есть да́же иностра́нные тури́сты, кото́рые е́дут ... **л.** Мно́гие тури́сты, коне́чно, посеща́ют ...

18. Beantworten Sie folgende Fragen zum Text:

а. Кому́ помога́ет Интури́ст? **б.** Что де́лают тури́сты на Чёрном мо́ре? **в.** По каки́м ре́кам мо́гут плыть тури́сты на парохо́де? **г.** Куда́ е́дут иностра́нные тури́сты? **д.** Почему́ на́до е́хать на Ру́сский Се́вер ле́том? **е.** Почему́ на́до е́хать в Сре́днюю А́зию весно́й и́ли о́сенью? **ж.** Мо́жно е́хать в Япо́нию на по́езде? **з.** Что посеща́ют мно́гие тури́сты? **и.** Ско́лько раз Ка́сдорфы бы́ли в Сове́тском Сою́зе? **й.** Кто встреча́ет Ка́сдорфов в Моско́вском аэропорту́ «Шереме́тьево»? **к.** Каки́е деклара́ции заполня́ют Ка́сдорфы в аэропорту́? **л.** Где сдаю́т Ка́сдорфы деклара́ции? **м.** Ка́сдорфы говоря́т по-ру́сски? **н.** Где Ка́сдорфы изуча́ют ру́сский язы́к? **о.** Кто Еле́на Вита́льевна? **п.** Что даёт Еле́на Вита́льевна Ка́сдорфам? **р.** Приме́рно ско́лько киломе́тров от аэропо́рта «Шереме́тьево» до Москвы́?

17 * 19. **Курт Ка́сдорф расска́зывает.**

* 20.

> Хоти́те проспе́кт о Москве́?
> — Нет, у меня́ уже́ есть проспе́кт о Москве́.
> — Да, пожа́луйста. Я хочу́ бо́льше знать о Москве́.
> — Покажи́те. Проспе́кт хоро́ший?
> — Смотря́ како́й.

а. ключ **б.** сыр **в.** икра́ **г.** стака́н молока́ **д.** вино́ **е.** ко́фе **ж.** са́хар **з.** за́втрак **и.** лека́рство **й.** газе́та **к.** десе́рт **л.** ло́жка **м.** биле́т **н.** сувени́р **о.** кни́га **п.** блу́зка **р.** послу́шать пе́сню **с.** ката́ться на лы́жах **т.** каранда́ш **у.** взять о́тпуск **ф.** пала́тка **х.** чертёж **ц.** пальто́ **ч.** шля́па **ш.** уйти́ **щ.** взять су́мку **ъ.** у́жинать **ы.** отопи́ть ко́мнату **ь.** сесть **э.** заказа́ть биле́ты **ю.** отве́тить **я.** встре́тить Ю́рия Андре́евича **А.** пое́хать в Москву́ **Б.** чита́ть **В.** сдать анке́ту **Г.** записа́ть а́дрес **Д.** встать **Е.** игра́ть в волейбо́л **Ж.** подожда́ть **З.** гуля́ть **И.** отдохну́ть **Й.** изуча́ть ру́сский язы́к

21.

> Не на́до пить во́дку. — На́до пить молоко́.
> Не на́до сади́ться. — Мы ско́ро уйдём.

а. открыва́ть чемода́н **б.** уходи́ть в шесть часо́в **в.** приноси́ть газе́ту **г.** зака́зывать котле́ту **д.** крича́ть **е.** гото́вить борщ **ж.** покупа́ть телеви́зор **з.** есть сыр **и.** лете́ть на самолёте **й.** класть пальто́ на стул **к.** привози́ть сурени́ры жене́ **л.** занима́ться спо́ртом **м.** е́хать на авто́бусе **н.** обраща́ться к дире́ктору **о.** чита́ть газе́ту **п.** встава́ть в во́семь часо́в **р.** игра́ть в волейбо́л **с.** надева́ть ю́бку **т.** опа́здывать **у.** удивля́ться **ф.** посеща́ть Сиби́рь ле́том **х.** изуча́ть неме́цкий язы́к **ц.** ве́шать ключ на сте́ну

* 22.

> Я зна́ю студе́нта, . . . кото́рый никогда́ не открыва́л кни́гу.
> Я зна́ю блю́до, . . . кото́рое и вам нра́вится.

а. слу́жащий тамо́жни **б.** чемода́н **в.** пальто́ **г.** ру́чка **д.** кинотеа́тр **е.** общежи́тие **ж.** семья́ **з.** пла́тье **и.** муж **й.** гости́ница **к.** теа́тр **л.** гид-перево́дчица

***23.**

> Вы не хоти́те и́ли не мо́жете побыва́ть в Сове́тском Сою́зе?
> — Я хочу́, но не могу́. У меня́ семья́. А пое́хать с семьёй тру́дно и до́рого.

а. Вы хоти́те и́ли должны́ изуча́ть ру́сский язы́к? **б.** Вы хоти́те и́ли должны́ наде́ть пальто́? **в.** Вы не хоти́те и́ли не мо́жете поступи́ть в университе́т? **г.** Вы хоти́те и́ли должны́ убра́ть в кварти́ре? **д.** Вы хоти́те и́ли должны́ написа́ть письмо́?

***24. Что иностра́нный тури́ст мо́жет де́лать в ФРГ?**

1

2

3

4

5

6

7

8

9

10

11

12

17 * 25. **Geben Sie einem sowjetischen Touristen touristische Auskünfte zu Ihrer näheren Umgebung.**

26. Снéжная бáба **Zusatztext**

снéжная бáба	Schneemann
затó	dafür
выходи́ть / вы́йти	gelingen, geraten, werden
нос	Nase
моркóвка	Möhre, Karotte, Wurzel, gelbe Rübe

Зимóй дéти игрáли во дворé. Они́ из снéга пострóили бáбу. Рýки у них бы́ли холóдные. Затó снéжная бáба вы́шла краси́вой. Глазá — куски́ угля́. Нос — моркóвка.

*1. В Москвé

1

2

3

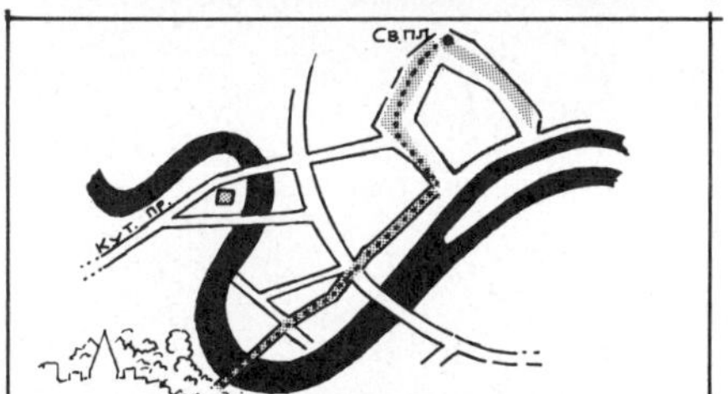

4

5

6

7

8

9

18 **2. Benutzen Sie eine der Präpositionen «в», «за», «под», «пе́ред», «сле́ва от», «спра́ва от», «ря́дом с», «о́коло».**

Где де́ти?

Де́ти под де́ревом.

а.

Где авто́бус?
Где трамва́й?

б.

Где тури́сты?

в.

Где стадио́н?

г. 

Где ма́ма?

д. 

Где о́зеро?

е. 

Где корреспонде́нт?

*3.

Матрёшка сто́ит рубль. — Э́то приме́рно три ма́рки пятьдеся́т пфе́ннигов. Руба́шка сто́ит шестна́дцать ма́рок. — Э́то приме́рно пять рубле́й.

а. буты́лка шампа́нского/ 4 руб. **б.** буты́лка коньяка́/ 24,00 дм. **в.** биле́т в теа́тр/ 10,00 дм. **г.** ша́пка-уша́нка/ 21 руб. **д.** журна́л/ 2 дм. **е.** у́жин в гости́нице/ 16,00 дм. **ж.** кни́га/ 80 коп. **з.** моро́женое/ 50 коп.

18 4. Ско́лько сто́ит?

Биле́т в кинотеа́тр сто́ит 50 коп.

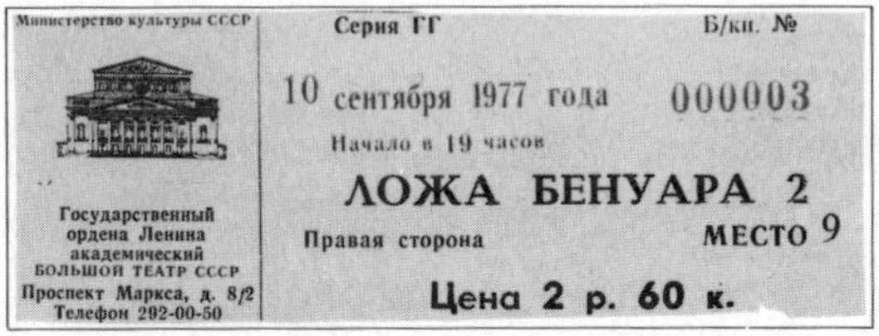

а. Биле́т в теа́тр . . .

б. Биле́т в музе́й . . .

в. Ма́сло . . .
г. Маргари́н . . .
д. Хлеб . . .

е. Газ . . .

з. Моро́женое . . .

ж. Почто́вые ма́рки . . .

По СССР

и. Са́хар . . .

Во все стра́ны

5.

21 ч. 20 мин.: Тепе́рь два́дцать оди́н час два́дцать мину́т.

а. 6 ч. 17 мин. **б.** 10 ч. 47 мин. **в.** 14 ч. 35 мин. **г.** 7 ч. 54 мин. **д.** 9 ч. 31 мин. **е.** 17 ч. 22 мин. **ж.** 5 ч. 58 мин. **з.** 21 ч. 12 мин. **и.** 11 ч. 43 мин. **й.** 22 ч. 26 мин. **к.** 8 ч. 09 мин.

***6.**

Есть руба́шки за пять ма́рок. — Но есть и за пятьдеся́т, шестьдеся́т ма́рок. Есть биле́ты за две ма́рки. — Но есть и за со́рок, пятьдеся́т ма́рок.

а. кни́га **б.** кастрю́ля **в.** буты́лка вина́ **г.** брю́ки **д.** блу́зка **е.** пла́тье **ж.** ша́пка-уша́нка **з.** боти́нки **и.** чемода́н

***7.**

Блу́зка сто́ит девяно́сто ма́рок. Э́то до́рого? — Э́то (немно́го, дово́льно, о́чень) до́рого. Брю́ки сто́ят два́дцать ма́рок. Э́то до́рого? — Э́то (о́чень) недо́рого. — Смотря́ каки́е.

а. лы́жи/ 99 м. **б.** чемода́н/ 37 м. **в.** ша́пка-уша́нка/ во́семьдесят шесть м. **г.** ю́бка/ девяно́сто четы́ре м. **д.** боти́нки/ во́семьдесят де́вять м. **е.** биле́т в кинотеа́тр/ пять м. **ж.** каранда́ш/ две м. **з.** брю́ки/ пятьдеся́т де́вять м. **и.** таре́лка/ три м. **й.** котле́та/ де́вять м. **к.** литр молока́/ ма́рка **л.** литр во́дки/ девятна́дцать м.

8.

Де́ти прие́дут в ию́не. — А я не прие́ду в ию́не. Де́ти пла́вают. — А я не пла́ваю.

а. купа́ться **б.** боя́ться **в.** чу́вствовать что́-то **г.** плати́ть **д.** остава́ться **е.** привози́ть сувени́ры **ж.** понима́ть **з.** верну́ться **и.** посети́ть Ленингра́д **й.** познако́миться с дире́ктором **к.** прода́ть свои́ кни́ги **л.** оста́ться **м.** держа́ть су́мку в руке́ **н.** останови́ться **о.** спать **п.** поня́ть **р.** опусти́ть моне́ту **с.** возвраща́ться **т.** привезти́ сувени́ры

18 **9.**

> книга: Я заплачу́ за кни́гу за́втра.
> пять рубле́й: Я заплачу́ пять рубле́й за́втра.

а. матрёшка **б.** 21 р. **в.** лы́жи **г.** 13 р. **д.** цветы́ **е.** 7 р.

***10.**

> Я пое́ду домо́й. — Но пре́жде чем пое́хать домо́й, я куплю́ пода́рок.
> Ка́сдорфы полетя́т в Москву́. — Но пре́жде чем полете́ть в Москву́, они́ хотя́т немно́го изучи́ть ру́сский язы́к.

а. Магази́ны закро́ют в во́семь часо́в. **б.** Я бу́ду ката́ться на лы́жах. **в.** Со́ня уе́дет. **г.** Я разбужу́ его́. **д.** Я встре́чу Ни́ну Алекса́ндровну. **е.** Прие́дут Петро́вы.

11.

> Я ещё учени́к (учени́ца) пя́того кла́сса. — Я хожу́ ещё в сре́днюю шко́лу.
> Ви́ктор ещё учени́к пя́того кла́сса. — Он хо́дит ещё в сре́днюю шко́лу.

а. Ни́на **б.** ты **в.** О́ля и Алёша **г.** мы **д.** И́горь **е.** вы **ж.** я

12.

> Ви́ктор не до́лжен опозда́ть. — Сде́лайте всё, что́бы он не опозда́л.
> Вы не должны́ опозда́ть. — Сде́лайте всё, что́бы не опозда́ть.

а. Ива́н до́лжен встать. **б.** Вы должны́ успе́ть. **в.** Администра́тор до́лжен дать мне ключ. **г.** Вы должны́ э́то забы́ть. **д.** Они́ не должны́ найти́ су́мку. **е.** Вы не должны́ устава́ть.

13.

> В А́встрии пла́тят ши́ллингами.
> В Бе́льгии пла́тят фра́нками.

а. Финля́ндия[1] **б.** Норве́гия[2] **в.** Фра́нция[3] **г.** Ита́лия[4] **д.** Югосла́вия[5] **е.** Испа́ния[6] **ж.** Швейца́рия[3] **з.** СССР **и.** ФРГ[1]

[1] ма́рка [2] кро́на [3] франк [4] ли́ра [5] дина́р [6] песе́та

14. Здесь Куту́зовский проспе́кт. — Мы ра́ньше жи́ли на Куту́зовском проспе́кте.
Здесь у́лица Льва Толсто́го. — Мы ра́ньше жи́ли на у́лице Льва Толсто́го.

а. у́лица Э́нгельса **б.** пло́щадь Ле́нина **в.** Кали́нинский проспе́кт **г.** у́лица Ломоно́сова **д.** проспе́кт Револю́ции **е.** пло́щадь Ка́рла Ма́ркса

15. Откры́ли магази́н. — Магази́н откры́т.
Закры́ли библиоте́ку. — Библиоте́ка закры́та.

а. Закры́ли де́тский сад. **б.** Откры́ли шко́лу. **в.** Откры́ли дворе́ц пионе́ров. **г.** Закры́ли общежи́тие. **д.** Закры́ли ста́нцию метро́. **е.** Откры́ли кафе́. **ж.** Откры́ли бассе́йн. **з.** Откры́ли апте́ку. **и.** Закры́ли рестора́н.

***16.** Кака́я су́мка вам бо́льше нра́вится?
Пра́вая и́ли ле́вая?
— Пра́вая. Я люблю́ ма́ленькие су́мки.
Ле́вая сли́шком больша́я.
— Ле́вая мне нра́вится бо́льше. Она́ о́чень краси́вая.
— Мне нра́вятся ле́вая и пра́вая.

а.

б.
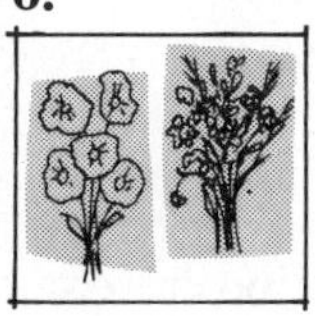

в.

г.
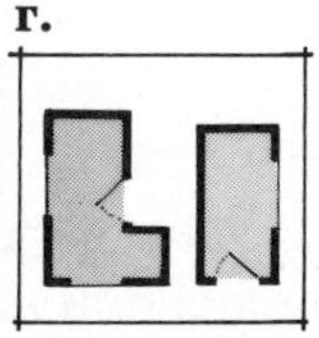

д.

е.
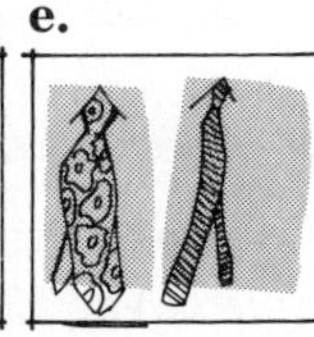

ж.

з.

и.
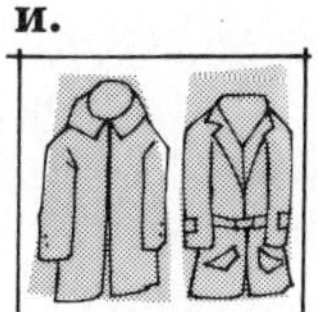

й.

к.
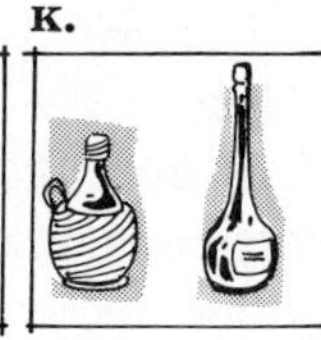

18 * 17.

> Есть ра́зные матрёшки. — Есть дороги́е, недороги́е, есть матрёшки за два-четы́ре рубля́ и за 15 рубле́й, есть ма́ленькие и больши́е, есть зелёные и жёлтые матрёшки и т. д.

а. вино́ **б.** карто́фель **в.** блу́зка **г.** рестора́н **д.** секрета́рь-машини́стка **е.** боти́нки **ж.** ко́фе **з.** учи́тельница **и.** по́езд **й.** самолёт **к.** вопро́с

* 18.

> Я хочу́ купи́ть блу́зку. — У вас оста́лись де́ньги?
> Я хочу́ пригото́вить борщ. — У вас оста́лось мя́со?

а. оста́ться **б.** плати́ть ма́рками ФРГ **в.** на́до опусти́ть пятикопе́ечную моне́ту. **г.** пое́хать во Фра́нцию **д.** отопи́ть ко́мнату **е.** написа́ть рефера́т **ж.** пить **з.** Я бо́лен(льна́). **и.** чита́ть **й.** пое́сть

* 19.

> Снача́ла Ка́сдорфы посмотре́ли Кра́сную пло́щадь, пото́м они́ пое́хали на Ле́нинские го́ры.
> Снача́ла де́душка купи́л проду́кты, пото́м принёс их домо́й.

а. Снача́ла де́душка взял спи́сок, ... **б.** Снача́ла де́душка доста́л проду́кты из су́мки, ... **в.** Снача́ла ма́ма посмотре́ла в ко́мнате, ... **г.** Снача́ла Га́ля и Вячесла́в се́ли за стол, ... **д.** Снача́ла заказа́л Вячесла́в, ... **е.** Снача́ла Бори́с пришёл домо́й, ... **ж.** Снача́ла Бори́с разогре́л борщ, ... **з.** Снача́ла Татья́на Ива́новна дала́ Ю́рию Андре́евичу докуме́нты, ... **и.** Снача́ла Лари́са убрала́ в кварти́ре, ... **й.** Снача́ла Оле́г и Васи́лий разгова́ривали о се́мьях, ...

20. **Пра́вильно и́ли непра́вильно?**

а. По́сле обе́да в гости́нице Ка́сдорфы хотя́т познако́миться со столи́цей Сове́тского Сою́за. **б.** Снача́ла они́ иду́т на Кра́сную пло́щадь. **в.** Ле́вой руко́й господи́н Ка́сдорф опуска́ет моне́ту сле́ва и прохо́дит спра́ва, но вдруг он чу́вствует, что жена́ его́ де́ржит. **г.** Че́рез шесть дней пора́ попроща́ться со столи́цей СССР. **д.** Они́ про́сят Еле́ну Вита́льевну купи́ть для них пода́рки. **е.** Де́вочка хо́дит в пе́рвый класс, а ма́льчик — учени́к второ́го кла́сса. **ж.** Закрыва́ют магази́н «Берёзка» на Куту́зовском проспе́кте в во́семь часо́в ве́чера.

21. Ergänzen Sie.

а. Пря́мо пе́ред ни́ми собо́р Васи́лия Блаже́нного, на пра́вой стороне́ . . ., на ле́вой стороне́ . . . **б.** С Кра́сной пло́щади Ка́сдорфы хотя́т пое́хать . . . **в.** Че́рез шесть дней пора́ . . . **г.** На Куту́зовском проспе́кте есть магази́н «Берёзка», где за поку́пки пла́тят . . . **д.** В э́том магази́не продаю́т, наприме́р, краси́вые ру́сские матрёшки. Все де́ти . . . **е.** Но сейча́с уже́ шесть часо́в, и я бою́сь, что магази́н бу́дет закры́т. — . . .

22. Отве́тьте на вопро́сы к те́ксту.

а. Отку́да Ка́сдорфы зна́ют, что на Ле́нинские го́ры мо́жно е́хать на метро́? **б.** Где обе́дают Ка́сдорфы? **в.** Почему́ Ка́сдорфы е́дут на Ле́нинские го́ры? **г.** В чём оши́бка господи́на Ка́сдорфа? **д.** Что Ка́сдорфы хотя́т сде́лать, пре́жде чем верну́ться домо́й? **е.** Где мо́жно

18 купи́ть краси́вые пода́рки? **ж.** Ско́лько сто́ят матрёшки? **з.** У госпожи́ Ка́сдорф оста́лись де́ньги? **и.** Когда́ Ка́сдорфы про́сят Еле́ну Вита́льевну помо́чь им? **й.** Когда́ закрыва́ют магази́н «Берёзка»? **к.** Ско́лько вре́мени остаётся у господи́на и госпожи́ Ка́сдорф, что́бы купи́ть пода́рки в магази́не «Берёзка»?

*** 23. Господи́н Ка́сдорф расска́зывает (Gegenwart).**

*** 24. Госпожа́ Ка́сдорф расска́зывает (Vergangenheit).**

*** 25.**

Что ну́жно сде́лать пре́жде чем полете́ть в Москву́? — Пре́жде чем полете́ть в Москву́, ну́жно купи́ть биле́т и запо́лнить анке́ту, что́бы получи́ть ви́зу.

а. пойти́ в магази́н **б.** у́жинать **в.** пойти́ в теа́тр **г.** написа́ть письмо́ **д.** отопи́ть ко́мнату **е.** пригото́вить борщ **ж.** накры́ть на стол **з.** встре́тить представи́теля фи́рмы **и.** получи́ть ключ от но́мера **й.** поступи́ть в университе́т **к.** попроща́тсья с Москво́й **л.** купи́ть телеви́зор **м.** пройти́ че́рез ство́рочный автома́т **н.** уе́хать

*** 26.**

Что вы де́лаете, е́сли стака́н лимона́да сто́ит две ма́рки пятьдеся́т пфе́ннигов? — Я иду́ в друго́е кафе́, где лимона́д сто́ит то́лько ма́рку пятьдеся́т пфе́ннигов. — Когда́ о́чень жа́рко, я беру́ стака́н лимона́да за две ма́рки пятьдеся́т пфе́ннигов. Когда́ жа́рко, я не могу́ ждать. — Тогда́ я иду́ в туале́т и пью во́ду там.

а. Вы должны́ пить шампа́нское у́тром на за́втрак. **б.** В рестора́не есть то́лько одно́ свобо́дное ме́сто. Э́то свобо́дное ме́сто нахо́дится о́коло две́ри. **в.** Вы должны́ оста́ться до́ма на коне́ц неде́ли. **г.** Вы е́дете на такси́, но такси́ст пло́хо управля́ет такси́. **д.** Центр го́рода далеко́ от гости́ницы. **е.** Вы в о́тпуске. Но у вас оста́лось о́чень немно́го де́нег. **ж.** Вы прово́дите о́тпуск в Ита́лии, но вы не говори́те по-италья́нски. **з.** Официа́нт принёс вам холо́дный ко́фе. **и.** Вы верну́лись с рабо́ты домóй в пять часóв. Ваш муж (вáша женá, . . .) придёт домóй тóлько в шесть часóв. **й.** Вы бы́стро забывáете. **к.** Вы наýчный рабóтник. Вы мóжете рабóтать, когдá вы хоти́те.

*** 27.**

Вы не скáжете, как пройти́ к Крáсной плóщади? — Иди́те напрáво, на ýлицу Гóрького, потóм по ýлице Гóрького пря́мо на Крáсную плóщадь.

а. аптéка **б.** остановка **в.** гости́ница **г.** кафé **д.** магази́н «Цветы́» **е.** теáтр

*** 28.**

Почемý вы хоти́те поéхать в Москвý? — Чтóбы посмотрéть Москóвский Кремль. Почемý вы хоти́те пойти́ в магази́н № 10? — Потомý что э́то хорóший магази́н.

а. закры́ть магази́н **б.** остáться **в.** продáть телеви́зор **г.** вернýться домóй **д.** останови́ться здесь **е.** изучáть рýсский язы́к **ж.** посети́ть Ленингрáд **з.** надéть пальтó **и.** гуля́ть **й.** слýшать профéссора Петрóва **к.** записáть áдрес **л.** запóлнить анкéту **м.** постирáть бельё **н.** поýжинать в рестораане **о.** спроси́ть Ю́рия Андрéевича **п.** отопи́ть кóмнату **р.** открыть буты́лку **с.** откры́ть окнó **т.** уви́деть Татья́ну Ивáновну

29. Цéны — Preise

1

На ры́нке свéжий картóфель стóит 40 коп. Стáрый картóфель стóит 20 коп. за килогрáмм (лéтом).

2

3

4

5

6

7

8

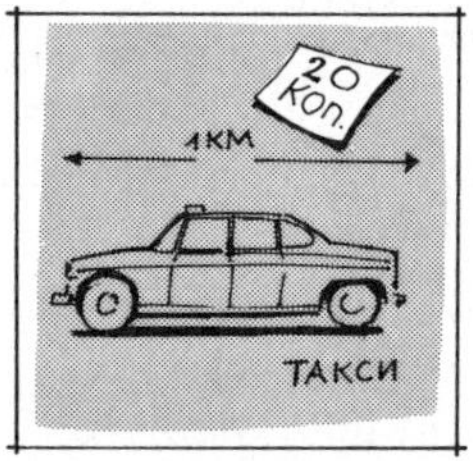

9

10

11

12

30. Моро́з помо́г **Zusatztext**

тонне́ль *m* (auch тунне́ль)	Tunnel
дождь *(endb.) m*	Regen
Дождь идёт.	Es regnet.
мя́гкий, -ая	weich
земля́	Erde
ползти́/поползти́ -е-	rutschen, kriechen
холоди́льная маши́на	Kältemaschine
замора́живать/заморо́зить	zum Gefrieren bringen

Рабо́тать тогда́ ста́ло легко́.	Dann wurde es leicht zu arbeiten.
про́чный, -ая	fest, stark
та́ять/отта́ять -е-	tauen, auftauen
Та́ет.	Es taut.
моро́з	Frost

Моро́з помо́г **Zusatztext**

В Москве́ стро́или метро́. Рабо́чие рабо́тали в тонне́ле. Шли дожди́. Мя́гкая земля́ начала́ ползти́ в тонне́ль.

Привезли́ под зе́млю холоди́льную маши́ну. Зе́млю заморо́зили. Рабо́тать тогда́ ста́ло легко́. Постро́или о́чень про́чные сте́ны.

Земля́ отта́яла, но вода́ че́рез тонне́ль не прошла́. Так моро́з помога́л стро́ить Моско́вское метро́.

19 *1. Миха́йл Его́рович

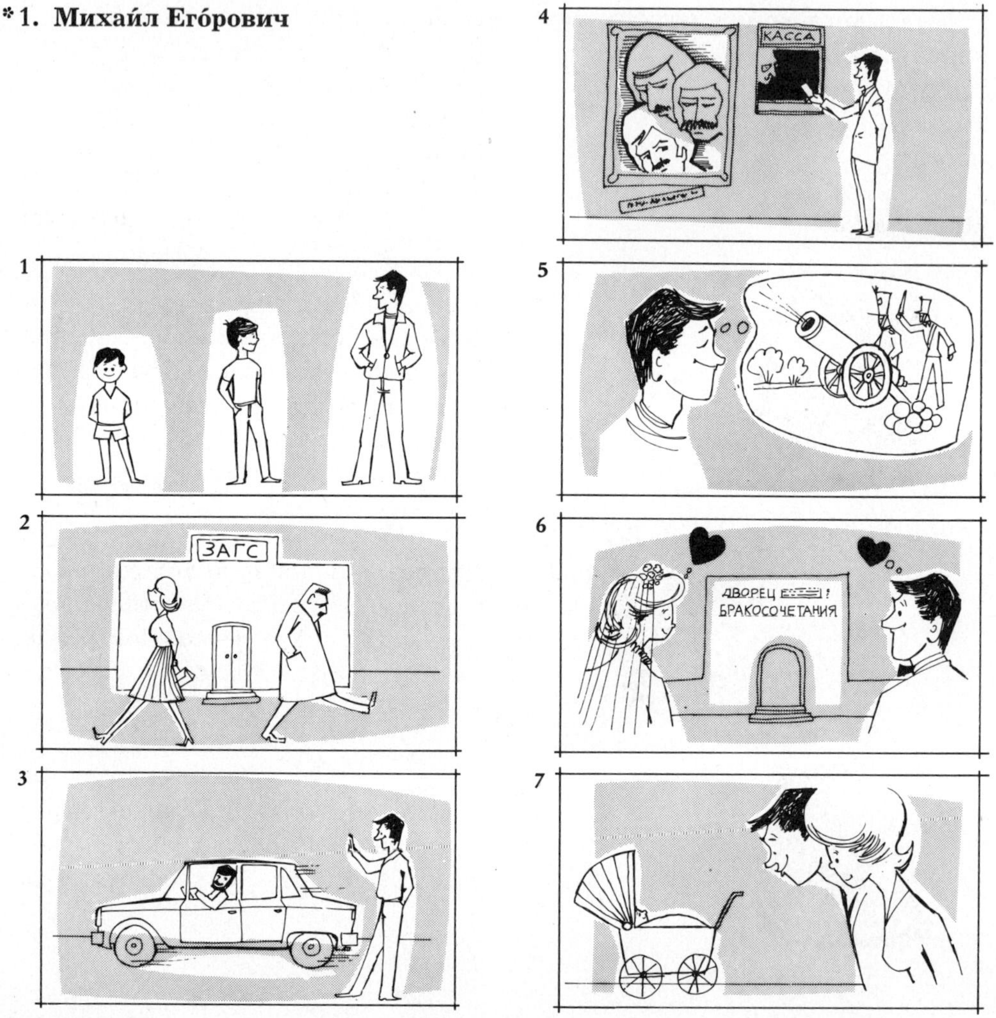

2.

Оле́г был в теа́тре. — Васи́лий был в том же теа́тре. Оле́г сходи́л в магази́н. — Васи́лий сходи́л в тот же магази́н.

а. отдыха́ть на турба́зе **б.** влюби́ться в де́вушку **в.** зада́ть вопро́сы
г. игра́ть с ма́льчиком **д.** петь пе́сню **е.** у́жинать в рестора́не

ж. спроси́ть инжене́ра **з.** ви́деть план **и.** рабо́тать над зда́нием **й.** разгова́ривать с неме́цкой студе́нткой **к.** быть на совеща́нии

3.

Почему́ Со́ня так игра́ет? — Игра́ть ина́че она́ не уме́ет? Почему́ ты так игра́ешь? — Игра́ть ина́че ты не умее́шь?

а. Са́ша/ пла́вать **б.** вы/ писа́ть **в.** де́ти/ петь **г.** Людми́ла Серге́евна/ рабо́тать **д.** ты/ жить **е.** вы/ ходи́ть **ж.** Ива́н Степа́нович/ расска́зывать **з.** ты/управля́ть

4.

Она́ уже́ совсе́м больша́я. — Она́ бы́стро вы́росла. Она́ ещё ма́ленькая. — Но она́ бы́стро растёт.

а. Вы уже́ совсе́м больши́е. **б.** Де́ти ещё ма́ленькие. **в.** Ми́ша уже́ совсе́м большо́й. **г.** Мы ещё ма́ленькие. **д.** Ты уже́ совсе́м больша́я. **е.** Ве́ра ещё ма́ленькая. **ж.** Я ещё ма́ленький(кая). **з.** О́ля и Алёша уже́ совсе́м больши́е. **и.** И́нгрид уже́ совсе́м больша́я. **й.** Вы ещё ма́ленькие. **к.** Ты уже́ совсе́м большо́й(а́я). **л.** Ты ещё ма́ленький(ая).

5.

Я разгова́ривал(а) с Ви́ктором. — А я разгова́вивал(а) с Ни́ной. Я привёз(ла́) сувени́р Ви́ктору. — А я привёз(ла́) сувени́р Ни́не.

а. Я зна́ю а́дрес Ви́ктора. **б.** Я заходи́л(а) к Ви́ктору. **в.** Я встре́тил(а) Ви́ктора. **г.** Я пообе́дал(а) с Ви́ктором. **д.** Я слы́шал(а) о Ви́кторе.

6.

Ви́ктор игра́ет в волейбо́л. — А я не игра́ю в волейбо́л. Ви́ктор всегда́ приво́зит сувени́ры. — А я не привожу́ сувени́ры.

а. купа́ться **б.** слу́шать му́зыку **в.** пригласи́ть свою́ тётю **г.** провести́ о́тпуск в Подмоско́вье **д.** бо́лен **е.** ката́ться на лы́жах **ж.** постира́ть бельё **з.** жить в гости́нице **и.** наде́ть пальто́ **й.** отопи́ть ко́мнату **к.** быть в кинотеа́тре **л.** сходи́ть в бассе́йн **м.** упварля́ть маши́ной **н.** переста́вить часы́ **о.** е́хать на метро́ **п.** написа́ть после́днее письмо́ **р.** быть на стадио́не **с.** смотре́ть телеви́зор **т.** пообе́дать в рестора́не **у.** сде́лать (после́днюю) экску́рсию **ф.** быть в аэропорту́ **х.** е́хать на по́езде

ц. пойти́ в библиоте́ку **ч.** быть в кафе́ **ш.** говори́ть по-англи́йски **щ.** съесть бифште́кс **ъ.** быть у врача́ **ы.** быть на совеща́нии **ь.** лете́ть на самолёте **э.** быть в магази́не **ю.** плыть на парохо́де **я.** быть в теа́тре **А.** носи́ть ю́бку

*** 7.**

Когда́ вы бы́ли в теа́тре в после́дний раз? — Приме́рно ме́сяц наза́д. Когда́ вы ви́дели своего́ бра́та в после́дний раз? — Три дня наза́д. — У меня́ нет бра́та.

Benutzen Sie die Wörter von Übung 6.

8.

Куда́ пое́дет Ви́ктор? — То́чно не зна́ю, но я ду́маю, что он пое́дет на Чёрное мо́ре. Где Мари́я Макси́мовна? — То́чно не зна́ю, но я ду́маю, что она́ в теа́тре.

а. Ми́ша же́нится? **б.** Где бы́ли Ка́сдорфы сего́дня? **в.** Почему́ они́ хоте́ли пое́хать на Куту́зовский проспе́кт? **г.** Како́й биле́т он предложи́л Ми́ше? **д.** Куда́ пое́дет монта́жник в о́тпуск? **е.** Чья э́то маши́на? **ж.** Кого́ пригласи́л Ю́рий Анре́евич? **з.** Над чем рабо́тает констру́ктор? **и.** О чём он бу́дет говори́ть?

*** 9.**

Ни́на не пришла́. — Ни́на, ка́жется, больна́. Ни́на не съе́ла соля́нку. — Ни́на, ка́жется, не хоте́ла есть.

а. Тётя развела́сь с дя́дей. **б.** Оле́г Бори́сович предложи́л мне биле́т в теа́тр. **в.** Лари́са уме́ет хорошо́ игра́ть. **г.** Магази́н закры́т. **д.** Ю́рий Андре́евич про́дал свою́ маши́ну. **е.** Ве́ра уже́ верну́лась. **ж.** Людми́ла сдала́ вступи́тельные экза́мены. **з.** Они́ не пьют вино́.

*** 10.**

Кинокарти́на «Война́ и мир» норма́льная. — Кста́ти, вы ви́дели спекта́кль «Бра́тья Карама́зовы»? За́втра я пойду́ на стадио́н. — Кста́ти, мо́жно купи́ть ещё биле́ты?

а. У отцá был инфáркт. **б.** Мы бы́ли на Крáсной плóщади. **в.** Мы бы́ли в Москвé. **г.** Я полечу́ во Фрáнкфурт-на-Мáйне. **д.** Я приéхал(а) на трамвáе. **е.** Я купи́л нóвые боти́нки. **ж.** Я люблю́ футбóл.

11. Ergänzen Sie.

а. Дóбрый день, Ми́ша! Мне кáжется, что за послéдние мéсяцы ты . . .
б. Ты ужé совсéм большóй, не Ми́ша, — а . . .
в. Дя́дя развёлся . . .
г. У тебя́ ещё всё впереди́. Бу́дет нелегкó. . . .
д. Тебé, кáжется, всё до лáмпочки. Почему́ ты однó и то же слóво . . .
е. Инáче разговáривать не . . .?

***12. Знакóмый Ми́ши расскáзывает женé** (Text Lektion 19).

***13. Antworten Sie für Ми́ша** (Text Lektion 19) **nach eigenem Geschmack.**

***14.**

Вы всегдá хóдите в оди́н и тот же магази́н? — Обы́чно да. Но когдá муж идёт со мной, я иду́ иногдá с ним в дурги́е магази́ны. — Я хожу́ в рáзные магази́ны. Я люблю́ смотрéть вéщи и выбирáть. — Смотря́ что я хочу́ купи́ть.

а. закáзывать блю́до **б.** ходи́ть в теáтр **в.** покупáть колбасу́ **г.** покупáть винó **д.** брать су́мку **е.** читáть газéту **ж.** читáть журнáл **з.** ходи́ть в ресторáн **и.** закáзывать напи́ток **й.** закáзывать десéрт **к.** ходи́ть на пóчту **л.** ходи́ть в библиотéку **м.** надевáть пальтó **н.** ходи́ть в кафé **о**. ходи́ть в бассéйн **п.** У вас . . . дéвушка (молодóй человéк)? **р.** У вас былá . . . маши́на? **с.** жить в гóроде **т.** Совещáния бы́ли . . . зáле? **у.** éхать на автóбусе **ф.** проводи́ть óтпуск на турбáзе **х.** носи́ть гáлстук **ц.** сади́ться в автóбус на останóвке **ч.** носи́ть боти́нки **ш.** проводи́ть óтпуск в странé **щ.** проводи́ть óтпуск в мéсяце

19

— Раньше вы никогда на работу не опаздывали.
— А раньше у меня машины не было.

Рисунок
Е. ШУКАЕВА

*** 15.**

Как ва́ша но́вая маши́на? — Норма́льно. — О́чень хоро́шая. — Неплоха́я. — Я дово́лен (дово́льна) маши́ной. Она́ всегда́ рабо́тает хорошо́.

а. сосе́д **б.** холоди́льник **в.** но́вая кварти́ра **г.** но́вый магази́н **д.** но́вое лека́рство **е.** но́вый телеви́зор **ж.** но́вый шкаф **з.** но́вый дом **и.** печь **й.** рабо́та **к.** секрета́рь-машини́стка **л.** учи́тельница (учи́тель) **м.** дире́ктор **н.** подру́га **о.** но́вый кинотеа́тр **п.** но́вое общежи́тие

*** 16.**

Могу́ вам предложи́ть биле́т во МХАТ. — Норма́льно. — Большо́е спаси́бо. — На како́й день? — Како́е ме́сто? — Я хоте́л(а) уже́ купи́ть биле́т. — На како́й спекта́кль?

а. ла́мпочка **б.** биле́т в кинотеа́тр **в.** проспе́кт **г.** де́ньги **д.** лы́жи **е.** чемода́н **ж.** ру́чка **з.** ша́пка-уша́нка **и.** цветы́ **й.** авто́бусный биле́т **к.** ча́шка ча́я **л.** экску́рсия **м.** холоди́льник

*** 17.**

Ва́ша жена́ (ваш муж) хо́чет развести́сь. Э́то вам до ла́мпочки? — Нет, я дово́лен (дово́льна), что бу́ду свобо́ден (свобо́дна). — Да, мы бо́льше не лю́бим друг дру́га. — Нет, я о́чень люблю́ жену́ (му́жа).

а. Вы не уме́ете пла́вать. **б.** Ва́ше кафе́ закры́то. **в.** Ваш дя́дя оста́нется ещё неде́лю. **г.** Ва́ша жена́ (ваш муж) хо́чет прода́ть ва́ши кни́ги. **д.** Ваш друг (ва́ша подру́га) хо́чет, что́бы вы не всегда́ плати́ли. **е.** Ва́ша рабо́та не интере́сная. **ж.** Вы пригласи́ли дире́ктора, но он не пришёл. **з.** Ваш дире́ктор попроси́л вас вы́полнить рабо́ту за оди́н де́нь, но вы не успе́ли вы́полнить э́ту рабо́ту за во́семь часо́в. **и.** Вы слу́шаете му́зыку, а во дворе́ игра́ют де́ти. **й.** Когда́ вы бы́ли в о́тпуске в э́том году́, пого́да почти́ всегда́ была́ плоха́я. **к.** Вы заказа́ли карто́фель, а официа́нт прино́сит вам рис. **л.** Вы задаёте вопро́сы му́жу (жене́, дру́гу, подру́ге), а он (она́) не отвеча́ет. **м.** Вам предлага́ют вино́, а вы лю́бите пи́во. **н.** Вы вдруг ви́дите ста́рого знако́мого (ста́рую знако́мую), но он (она́) вас не узнаёт.

*** 18. Отве́тьте на вопро́сы.**

а. Вы ви́дели кинокарти́ны «Война́ и мир» и «Бра́тья Карама́зовы»? **б.** Вы уме́ете говори́ть по-ру́сски? **в.** Вы уме́ете занима́ться детьми́? **г.** Вы уме́ете гото́вить борщ? **д.** Вы уме́ете писа́ть пи́сьма? **е.** Вы бы́стро обе́даете? **ж.** Вы бы́стро пьёте ча́шку ча́я? **з.** Вы бы́стро мо́ете посу́ду? **и.** Вы бы́стро заполня́ете анке́ты?

*** 19. Reagieren Sie auf die Aussagen eines Gesprächspartners.**

а. В кинотеа́тре идёт интере́сная кинокарти́на. — За́втра пойду́ в кино́.
б. Я счита́ю, что наш учи́тель глу́пый челове́к. Он ничего́ не замеча́ет. — . . .
в. Сего́дня сли́шком жа́рко. — . . .
г. Почему́ ты ничего́ не говори́шь? — . . .

д. Автомаши́на отца́ не рабо́тает. — ...
е. У меня́ нет пятикопе́ечной моне́ты. — ...
ж. Я слы́шал(а), что у Васи́лия но́вая де́вушка. — ...
з. В после́дний раз Петро́в здо́рово игра́л. — ...

20. Кани́кулы **Zusatztext**

ра́доваться/обра́доваться	sich freuen
означа́ть *uv*	bedeuten
переры́в	Pause, Unterbrechung
роди́ться *uv* + *v*	geboren werden
не́бо	Himmel
звезда́	Stern
древнегре́ческий	altgriechisch
называ́ть/назва́ть (+ *I*)	nennen (wie)
на ночно́м не́бе	am Nachthimmel
шко́льник (-ица)	Schüler(-in) (der zur Grund- oder Mittelschule [siehe Lektion 16] geht)
честь *w*	Ehre
в честь звезды́	wegen, zur Ehre
ле́тний, -яя	sommerlich, Sommer-

«У нас кани́улы!» — ра́дуются шко́льники. Э́то сло́во означа́ет переры́в в уче́бной рабо́те. Э́то обыкнове́нное сло́во родило́сь на не́бе. Есть на не́бе я́ркая звезда́ Си́риус. На древнегре́ческом языке́ её называ́ли Кани́кулой.

Появля́ется Кани́кула на ночно́м не́бе два́дцать шесто́го ию́ля. Два́дцать шесто́го ию́ля обы́чно жа́рко. Тогда́ шко́льникам дава́ли «о́тпуск». В честь звезды́ назва́ли э́ти дни кани́кулами. Снача́ла так называ́ли то́лько ле́тний о́тдых. Тепе́рь ка́ждый переры́в в уче́бном году́ называ́ют кани́кулами.

21. Ту́ндра **Zusatztext**

покры́тый, -ая	bedeckt
трава́	Gras
незабу́дки (*Mz*)	Vergißmeinnicht
лю́тики (*Mz*)	Ranunkel, Hahnenfuß

мох, во мху	Moos, im Moos
я́года	Beere
гриб (*endb.*)	Pilz
лес (*Mz* леса́)	Wald (mit *Mz*)
ви́дно	man kann sehen
и́ва	Weide
меша́ть (+ *D*)	stören, hindern, behindern
берёза	Birke

На се́вере Сове́тского Сою́за нахо́дится ту́ндра. Ле́том ту́ндра покры́та траво́й и цвета́ми. Есть голубы́е незабу́дки, жёлтые лю́тики. Во мху есть я́годы и грибы́. Удиви́тельное де́ло. Грибы́ расту́т, а ле́са не ви́дно. А лес есть. У вас «под нога́ми» и́вы и берёзы. Э́ти ма́ленькие дере́вья дово́льно ста́рые. Но они́ не вы́растут. До́лгая тёмная зима́ меша́ет им вы́расти.

22. В ли́фте **Zusatztext**

же́нщина	Frau
лифт	Lift, Aufzug
шаг	Schritt
вперёд	vorwärts, nach vorn
плечо́ (*Mz* пле́чи)	Schulter (mit *Mz*)
оттира́ть/ оттере́ть	abdrängen, wegdrängen
выска́кивать/ вы́скочить пе́рвым	als erster hinausspringen
ситуа́ция	Situation
выходи́ть/ вы́йти	hinausgehen, aussteigen

Е́дет же́нщина в ли́фте с незнако́мым молоды́м челове́ком. Они́ выхо́дят на одно́м и том же этаже́. Она́ де́лает шаг вперёд, но молодо́й челове́к оттира́ет её плечо́м и выска́кивает пе́рвым.

Как вы ду́маете о молодо́м челове́ке? Что на́до сде́лать в э́той ситуа́ции?

20 * 1. Тама́да

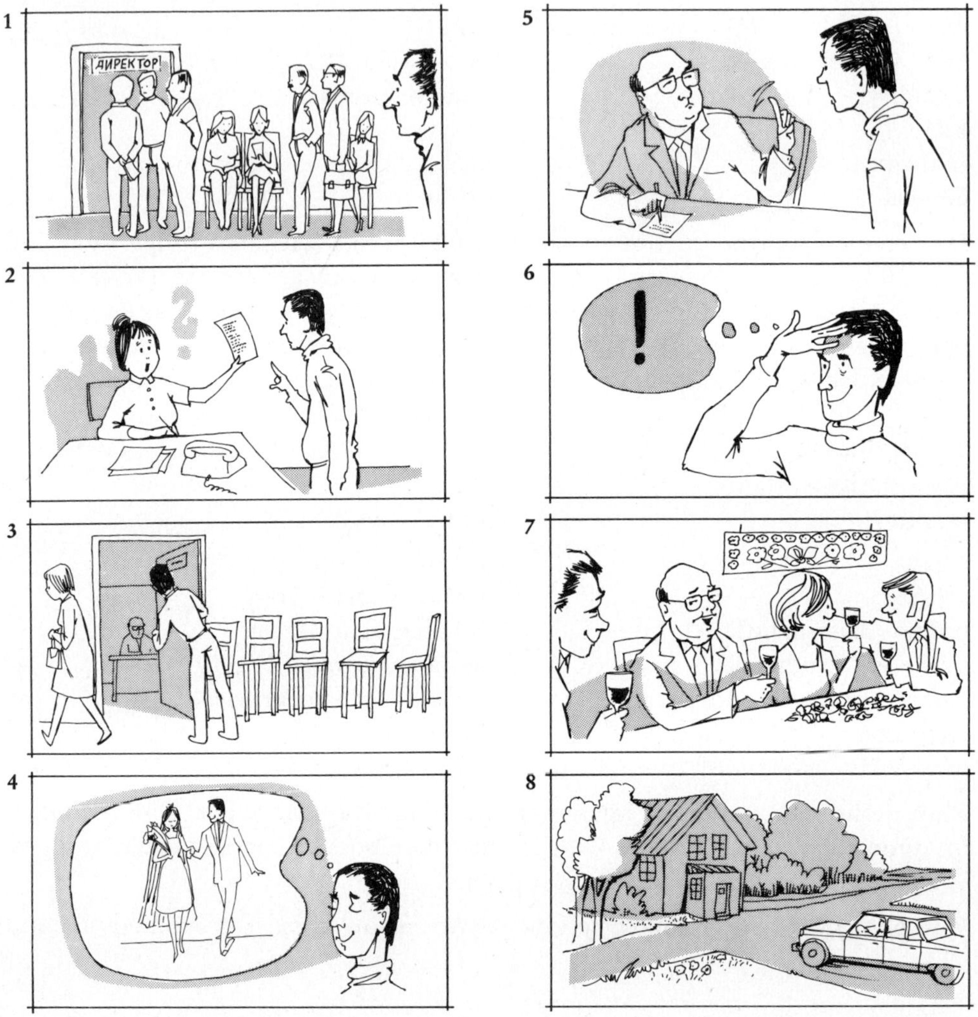

2. | Ве́ра в ку́хне? — Нет, в ку́хне Ве́ры нет.
Ве́ра была́ на экску́рсии? — Нет, на экску́рсии Ве́ры не́ было. |

а. Дире́ктор в кабине́те? **б.** Никола́й Алекса́ндрович был в приёмной? **в.** Мари́я Макси́мовна была́ в гла́вке? **г.** Со́ня в по́езде? **д.** Учи́тельница была́ на авто́бусной остано́вке? **е.** Оле́г в пала́тке?

3. | Дире́ктора нет. — На́до ждать его́.
Нача́льника не́ было. — На́до бы́ло ждать его́. |

а. Дире́ктора не́ было в кабине́те. **б.** Ве́ры Васи́льевны нет до́ма. **в.** Де́душки и ба́бушки нет до́ма. **г.** Профе́ссора Петро́ва не́ было в университе́те. **д.** Ни́ны нет до́ма. **е.** Администра́тора не́ было в вестибю́ле.

4. | На́до доста́ть проду́кты из су́мки. — Доста́ньте (,пожа́луйста,) проду́кты из су́мки.
На́до рабо́тать. — Рабо́тайте (,пожа́луйста). |

а. поговори́ть с нача́льником **б.** уда́рить по телеви́зору **в.** вы́йти **г.** повтори́ть **д.** купа́ться **е.** повы́сить её в до́лжности **ж.** изуча́ть францу́зский язы́к **з.** стоя́ть **и.** верну́ться **й.** предложи́ть ему́ биле́т **к.** отдохну́ть **л.** доста́ть буты́лку из су́мки **м.** держа́ть сло́во **н.** конча́ть рабо́ту **о.** опусти́ть моне́ту **п.** ката́ться на лы́жах **р.** закры́ть магази́н **с.** э́то забы́ть **т.** посмотре́ть на Вале́рия **у.** вы́пить ча́шку ча́я **ф.** нести́ чемода́н в тамо́жню **х.** слу́шать му́зыку **ц.** лете́ть в Га́мбург на самолёте **ч.** спеть пе́сню **ш.** управля́ть маши́ной **щ.** дое́хать до шко́лы **ъ.** э́то рассказа́ть **ы.** постро́ить дом

5. | У меня́ есть брат. — Жена́ провела́ о́тпуск у моего́ бра́та.
У Ни́ны е́сть брат. — Жена́ провела́ о́тпуск у её бра́та. |

а. У меня́ есть тётя. **б.** У Со́ни есть сестра́. **в.** У меня́ есть дя́дя. **г.** У Васи́лия Никола́евича есть де́душка. **д.** У Вячесла́ва и Га́ли есть сын. **е.** У меня́ есть ба́бушка. **ж.** У меня́ есть оте́ц. **з.** У нача́льника (ещё) есть мать. **и.** У Мари́и есть брат.

6.

Кто брат моего́ отца́? — Э́то ваш дя́дя.

а. Кто мать моей сестры́? **б.** Кто мать мое́й ма́тери? **в.** Кто брат мое́й ма́тери? **г.** Кто сестра́ мое́й до́чери? **д.** Кто оте́ц моего́ отца́? **е.** Кто сестра́ моего́ отца́? **ж.** Кто брат мое́й до́чери? **з.** Кто оте́ц мое́й ма́тери? **и.** Кто сестра́ моего́ сы́на? **й.** Кто мать моего́ отца́? **к.** Кто сестра́ мое́й ма́тери?

7.

Э́то Ви́ктор с жено́й. — У него́ краси́вая жена́. Э́то брат Ве́ры с жено́й. — У её бра́та краси́вая жена́.

а. Э́то Мари́я Макси́мовна с му́жем. **б.** Э́то сестра́ Васи́лия с му́жем. **в.** Э́то Валенти́н с жено́й. **г.** Э́то брат Людми́лы с жено́й. **д.** Э́то сын Оле́га с жено́й. **е.** Э́то Никола́й Алекса́ндрович с жено́й. **ж.** Э́то дочь Ве́ры Никола́евны с му́жем. **з.** Э́то Ни́на Валенти́новна с му́жем.

8.

Где мой сын? — Я твоего́ сы́на не ви́дел(а). Где моя́ подру́га? — Я твою́ подру́гу не ви́дел(а).

а. брат **б.** каранда́ш **в.** тётя **г.** часы́ **д.** оте́ц **е.** заявле́ние **ж.** де́душка **з.** па́спорт **и.** дочь **й.** анке́та **к.** де́ньги **л.** ребёнок

9.

В понеде́льник не могу́. — А во вто́рник? В пя́тницу не могу́. — А в суббо́ту?

а. В сре́ду . . . **б.** В суббо́ту . . . **в.** В понеде́льник . . . **г.** В четве́рг . . . **д.** В воскресе́нье . . . **е.** В пя́тницу . . . **ж.** Во вто́рник . . .

10.

Совеща́ние бу́дет во вто́рник, тре́тьего ма́я. — В сре́ду, четвёртого ма́я, бу́дет экску́рсия. Совеща́ние бу́дет в четве́рг, два́дцать девя́того ма́я. — В пя́тницу, тридца́того ма́я, бу́дет экску́рсия.

а. . . . в четве́рг, 14/V. **б.** . . . во вто́рник, 24/VI. **в.** . . . в суббо́ту, 30/VII. **г.** . . . в понеде́льник, 7/XII. **д.** . . . в сре́ду, 21/IV. **е.** . . . в пя́тницу, 8/X. **ж.** . . . в воскресе́нье, 1/XI.

11.

Са́хар есть. — Тогда́ с са́харом. Са́хара нет. — Тогда́ без са́хара.

а. Лимо́н есть. **б.** Молока́ нет. **в.** Карто́феля нет. **г.** Минера́льная вода́ есть. **д.** Ма́сла нет. **е.** Моро́женое есть. **ж.** Сала́та нет. **з.** Бе́лое вино́ есть.

*** 12.**

Вы хоти́те полете́ть во Фра́нкфурт-на-Ма́йне. — Я скажу́ секретарю́-машини́стке, что́бы она́ заказа́ла биле́т на самолёт. Вы хоти́те вы́йти на пять мину́т. — Я скажу́ Татья́не Ива́новне, что я вы́йду на пять мину́т.

а. приня́ть Никола́я Алекса́ндровича **б.** оста́ться ещё два дня **в.** поу́жинать в рестора́не **г.** встать в шесть часо́в **д.** Ва́ша жена́ не мо́жет нести́ чемода́н. **е.** съесть соля́нку на у́жин **ж.** Ва́ша жена́ (ваш муж) о́чень уста́л(а). **з.** Ва́ша ру́чка не пи́шет. **и.** смотре́ть телеви́зор **й.** Вы купи́ли в магази́не краси́вые брю́ки для своего́ му́жа (свое́й жены́, . . .). **к.** вы́пить стака́н пи́ва со свои́м дру́гом (свое́й подру́гой). **л.** Ва́ша дочь хо́чет полете́ть в Ленингра́д. **м.** пойти́ на стадио́н **н.** Ваш сын бо́лен.

13.

О́кна больши́е? — Одно́ окно́ большо́е, а друго́е (други́е) ма́ленькое (ма́ленькие). Маши́ны больши́е? — Одна́ маши́на больша́я, а друга́я (други́е) ма́ленькая (ма́ленькие).

а. Вопро́сы бы́ли тру́дные? **б.** Но́чи бы́ли тёмные? **в.** Магази́ны откры́ты? **г.** Гости́ницы бли́зко от це́нтра? **д.** Рабо́чие рабо́тают днём? **е.** Пала́тки больши́е? **ж.** Де́ти здоро́вы? **з.** Тури́сты прилете́ли в Москву́ в пе́рвый раз? **и.** Учителя́ молоды́е? **й.** Де́вушки говоря́т ти́хо? **к.** Врачи́ хотя́т чай с лимо́ном? **л.** Ма́льчики едя́т мно́го? **м.** Пла́тья све́тлые? **н.** Студе́нты говоря́т бы́стро? **о.** Краси́вые блу́зки лежа́т под э́той блу́зкой? **п.** Го́сти съе́ли всё? **р.** Студе́нты чита́ли всё вре́мя? **с.** Чемода́ны но́вые? **т.** Стака́ны стоя́т наверху́? **у.** Лю́ди прово́дят о́тпуск ле́том?

14.

Петро́вы верну́лись из Москвы́. — Они́ бы́ли в Москве́ неде́лю. Петро́вы верну́лись от его́ сестры́. — Они́ бы́ли у его́ сестры́ неде́лю. Петро́вы верну́лись с Кавка́за. — Они́ бы́ли на Кавка́зе неде́лю.

а. юг **б.** дом о́тдыха **в.** дере́вня **г.** тётя **д.** о́зеро Байка́л **е.** сын **ж.** Сиби́рь **з.** Го́рький **и.** дочь **й.** турба́за **к.** дя́дя

15.

Петро́вы пое́хали в Ленингра́д. — И пото́м из Лениигра́да сюда́. Петро́вы пое́хали к Ю́рию Андре́евичу. — И пото́м от Ю́рия Андре́евича сюда́. Петро́вы пое́хали на фа́брику. — И пото́м с фа́брики сюда́.

а. шко́ла **б.** Никола́й Алекса́ндрович **в.** да́ча **г.** Татья́на Ива́новна **д.** Ту́ла **е.** Кра́сная пло́щадь **ж.** сын **з.** у́лица Льва Толсто́го **и.** гости́ница **й.** мо́ре

16.

Мы до́ма. — Заходи́те к нам. (Зайди́те). Лари́са до́ма. — Зайди́те к ней. Ты до́ма. — Я зайду́ к тебе́.

а. Валенти́н **б.** вы **в.** Петро́вы **г.** я **д.** мы **е.** Татья́на Петро́вна **ж.** ты

17.

Я опа́здываю. — Но дире́ктор меня́ принима́ет.
Я опозда́л. — Но дире́ктор меня́ при́нял.
Мари́я Макси́мовна опозда́ет. — Но дире́ктор её при́мет.

а. Вале́рий Алекса́ндрович опозда́л. **б.** Я опозда́ю. **в.** Мы опа́здываем. **г.** Ка́сдорфы опозда́ли. **д.** Ни́на опа́здывает. **е.** Мы опозда́ли. **ж.** Вы опозда́ете. **з.** Га́ля и Вячесла́в опа́здывают. **и.** Ты опозда́ешь.

18.

Вот моя́ но́вая су́мка. — У меня́ така́я же су́мка.
Вот мой но́вый телеви́зор. — У меня́ тако́й же телеви́зор.

а. да́ча **б.** лы́жи **в.** кабине́т **г.** пальто́ **д.** ла́мпа **е.** чемода́н **ж.** боти́нки

19.

Я смотрю́ спекта́кль. — По́сле спекта́кля я бы́стро выхожу́ из теа́тра.
Ви́ктор посмотре́л спекта́кль. — По́сле спекта́кля он бы́стро вы́шел из теа́тра.
Ты посмо́тришь спекта́кль. — По́сле спекта́кля ты бы́стро вы́йдешь из теа́тра.

а. Ни́на Петро́вна посмотре́ла ... **б.** Мы смо́трим ... **в.** Ива́н Степа́нович посмо́трит ... **г.** Де́ти смо́трят ... **д.** Мы посмотре́ли ... **е.** Вы посмо́трите ... **ж.** Ка́сдорфы посмотре́ли ... **з.** Оле́г смо́трит спекта́кль. **и.** Я посмотрю́ ...

20.

Лев о́чень лю́бит Ве́ру. — Он хо́чет жени́ться на Ве́ре.
Ве́ра о́чень лю́бит Ю́рия. — Она́ хо́чет вы́йти за́муж за Ю́рия.

а. Лари́са/ Ви́ктор **б.** Ива́н Степа́нович/ Мари́я Макси́мовна **в.** Алекса́ндр Никола́евич/ Со́ня **г.** Ни́на Никола́евна/ дире́ктор **д.** Серге́й И́горевич/ Людми́ла Алекса́ндровна **е.** Татья́на/Андре́й

*** 21.**

Оле́г сказа́л, что пого́да бу́дет хоро́шая. — Он был прав. Ве́ра Никола́евна сказа́ла, что игра́ть в волейбо́л нетру́дно. — Она́ (не) права́.

а. Ви́ктор Ива́нович/ магази́ны закры́ты. **б.** Татья́на Ива́новна/ Ю́рий Андре́евич купи́л но́вую маши́ну **в.** Вы/ дире́ктор зна́ет ру́сский язы́к. **г.** Со́ня/ мо́жно плыть на парохо́де по Ре́йну в Ба́зель. **д.** Алёша/ констру́ктор стро́ит самолёты. **е.** Людми́ла/ Бори́с уме́ет гото́вить борщ. **ж.** Ты/ Фра́нкфурт-на-Ма́йне краси́вый го́род. **з.** Петро́вы/ Ка́сдорфы говоря́т немно́го по-ру́сски. **и.** Ю́рий Андре́евич/ сего́дня бу́дет хо́лодно. **й.** Граждани́н на остано́вке/ к шко́ле лу́чше прое́хать на авто́бусе. **к.** Тама́ра Петро́вна/ кни́ги в ФРГ сто́ят до́рого. **л.** Ива́н Степа́нович/ кинокарти́на, кото́рую показа́ли по телеви́дению вчера́ ве́чером, была́ интере́сная. **м.** Мари́я Макси́мовна/ рабо́та учи́теля интере́сная.

22. Ergänzen Sie.

а. Приёмная дире́ктора была́ полна́ . . . **б.** Запи́сываться на приём на́до бы́ло . . . **в.** Когда́ запи́санные уже́ ушли́, а дире́ктор . . ., Никола́й Алекса́ндрович вошёл в кабине́т дире́ктора. **г.** — Ох, Никола́й Алекса́ндрович, посмотри́те на меня́, я уже́ не . . . **д.** Приди́те ко мне . . . **е.** Легко́ сказа́ть — за́втра. Никола́й Алекса́ндрович вспо́мнил . . . **ж.** Почему́ не мо́жете? — Потому́ что за́втра сестра́ мое́й жены́, наконе́ц, . . . **з.** В суббо́ту? Не могу́. . . . **и.** В понеде́льник вы не мо́жете. У вас . . . **й.** Ах да, вы пра́вы. Хорошо́, скажи́те, . . . **к.** Отпусти́те . . . без сохране́ния . . . **л.** Вдруг Никола́й Алекса́ндрович уда́рил себя́ . . . **м.** Това́рищ нача́льник, я совсе́м забы́л! Вы то́же . . .

23. Отве́тьте на вопро́сы.

а. Когда́ на́до запи́сываться на приём к дире́ктору Никола́я Алекса́ндровича? **б.** Никола́й Алекса́ндрович был в спи́ске? **в.** Когда́ Никола́й Алекса́ндрович вошёл в кабине́т дире́ктора? **г.** Почему́ дире́ктор не хо́чет приня́ть Никола́я Алекса́ндровича? **д.** О чём Никола́й Алекса́ндрович про́сит дире́ктора? **е.** Почему́ Никола́й Алекса́ндрович не мо́жет прийти́ на приём к дире́ктору в суббо́ту? **ж.** Почему́ дире́ктор не мо́жет в понеде́льник? **з.** Почему́ дире́ктор отпуска́ет Никола́я Алекса́ндровича на неде́лю?

*** 24. Никола́й Алекса́ндрович расска́зывает.**

* **25.**

> Вы хоти́те ко́нчить рабо́ту. А ва́ши де́ти про́сят вас игра́ть с ни́ми. Что вы говори́те тогда́ свои́м де́тям? — Подожди́те. Я сейча́с ко́нчу рабо́ту. Пото́м я смогу́ игра́ть.
> Вы нача́льник. Оди́н слу́жащий у вас опа́здывает на рабо́ту. Что вы говори́те? — Не опа́здывайте. Не на́до опа́здывать. Е́сли все бу́дут опа́здывать, мы не смо́жем рабо́тать.

а. Ва́ши де́ти едя́т сли́шком бы́стро. **б.** Ва́ши де́ти про́сят всегда́ моро́женое. **в.** Ва́ша дочь надева́ет брю́ки. **г.** Вы принесли́ пода́рок свои́м де́тям. **д.** Вы приезжа́ете в гости́ницу на такси́. **е.** Вы даёте свои́ ключи́ свои́м де́тям. **ж.** По́сле обе́да ва́ши де́ти всегда́ занима́ются спо́ртом.

з. Ва́ши де́ти молча́т весь ве́чер. **и.** Ва́ша дочь хо́чет вы́йти за́муж. **й.** Ваш сын хо́чет развести́сь. **к.** Ваш ребёнок бо́ится экза́мена. **л.** Ва́ши де́ти возвраща́ются по́здно. **м.** Ваш сын всегда́ кладёт пальто́ на стул. **н.** Ва́ша дочь никогда́ не расска́зывает о шко́ле. **о.** Ва́ши де́ти мно́го крича́т.

*** 26. В чём их оши́бка?**

В чём оши́бка Ви́ктора Петро́вича? (ур. 2) — У Ви́ктора Петро́вича не́ было ключа́. На́до бы́ло взять ключ, пре́жде чем уйти́ на рабо́ту. На́до бы́ло ду́мать о том, что жена́ пойдёт в теа́тр.

а. В чём оши́бка де́душки? (ур. 3) **б.** В чём оши́бка Ни́ны? (ур. 4) **в.** В чём оши́бка специали́ста? (ур. 5) **г.** В чём оши́бка Вячесла́ва? (ур. 6) **д.** В чём оши́бка Льва? (ур. 9) **е.** В чём оши́бка граждани́на из дере́вни? (ур. 15) **ж.** В чём оши́бка Ми́ши? (ур. 19) **з.** В чём оши́бка нача́льника? (ур. 20). **и.** В чём оши́бка Мари́и Макси́мовны? (ур. 2) **й.** На дворе́ хо́лодно. О́ля выхо́дит в одно́м пла́тье. В чём её оши́бка? **к.** Никола́й Алекса́ндрович не нахо́дит свобо́дный но́мер в гости́ницах го́рода. В чём его́ оши́бка? **л.** Оле́г пое́хал на лы́жную ба́зу в нача́ле апре́ля. Снег был плохо́й. В чём его́ оши́бка? **м.** Бе́ргеры пошли́ в магази́н «Берёзка». У них то́лько сове́тские де́ньги. В чём их оши́бка? **н.** Лари́са купи́ла для Алёши костю́м, а для О́ли ничего́. В чём оши́бка Лари́сы? **о.** Ле́том господи́н Берг пое́дет в Сре́днюю А́зию. В чём его́ оши́бка?

*** 27.**

Когда́ лу́чше пойти́ в бассе́йн? — Ра́но у́тром. Тогда́ в бассе́йне немно́го наро́да.

а. поговори́ть с дире́ктором **б.** сдать ключ **в.** повы́сить слу́жащего в до́лжности **г.** пойти́ в теа́тр **д.** молча́ть **е.** принима́ть люде́й **ж.** записа́ться на курс ру́сского языка́ **з.** вы́пить кре́пкий ко́фе **и.** взять ключ **й.** жени́ться **к.** нача́ть рабо́ту **л.** прода́ть маши́ну **м.** Вы зашли́ к дру́гу (к подру́ге). Когда́ на́до, по-ва́шему, уйти́ домо́й? **н.** прости́ть оши́бку **о.** Как до́лго на́до оста́ться в бассе́йне? **п.** Когда́ не на́до е́хать в Москву́? **р.** опусти́ть моне́ту **с.** Когда́ не на́до ходи́ть в магази́ны? **т.** развести́сь **у.** наде́ть пальто́ **ф.** встать **х.** взять такси́ **ц.** заказа́ть борщ **ч.** посети́ть Москву́ **ш.** переста́вить часы́ **щ.** написа́ть письмо́, что́бы его́ получи́ли в Дюссельдо́рфе в пя́тницу **ъ.** сде́лать пода́рок **ы.** заказа́ть биле́т в ваш теа́тр **ь.** пое́хать на турба́зу

*** 28.**

Приму́те меня́. — Мне о́чень жаль, но я уже́ о́чень уста́л(а).

а. Отпусти́те меня́ на неде́лю. **б.** Повы́сьте меня́ в до́лжности. **в.** Запиши́те меня́ на приём. **г.** Предложи́те мне биле́т. **д.** Оста́ньтесь здесь. **е.** Заплати́те за проду́кты. **ж.** Опусти́те пятикопе́ечную моне́ту. **з.** Отдохни́те. **и.** Сме́йтесь. **й.** Влюби́тесь. **к.** Наде́ньте ша́пку-уша́нку. **л.** Управля́йте маши́ной. **м.** Расскажи́те о самолётах. **н.** Пригласи́те Ю́рия Андре́евича. **о.** Спо́йте пе́сню. **п.** Пригото́вьте борщ. **р.** Возьми́те су́мку. **с.** Поза́втракайте. **т.** Отве́тьте. **у.** Прода́йте ста́рую маши́ну. **ф.** Приглаша́ю вас пойти́ со мной на сва́дьбу.

*** 29.**

Когда́ вы бы́ли в после́дний раз в теа́тре, теа́тр был по́лон?
— Теа́тр был по́лон.
— Не́ было свобо́дного ме́ста.
— В теа́тре бы́ло о́чень немно́го наро́да.
— Не могу́ вспо́мнмть.
— Зал был по́лон наполови́ну.

а. магази́н **б.** кинотеа́тр **в.** гости́ница **г.** самолёт **д.** авто́бус **е.** турба́за **ж.** бассе́йн **з.** стадио́н **и.** кафе́ **й.** по́чта **к.** рестора́н **л.** по́езд **м.** метро́

*** 30. Spielen Sie folgende Rollenspiele auf russisch:**

а. Вы хоти́те, что́бы ваш дире́ктор вас повы́сил в до́лжности. **б.** Ва́ша жена́ (ваш муж) хо́чет сде́лать экску́рсиню, а вы не хоти́те. **в.** Вы хоти́те смотре́ть футбо́льный матч по пе́рвой програ́мме, а ва́ша жена́ (ваш муж) хо́чет смотре́ть кинокарти́ну по второ́й програ́мме. **г.** Вы хоти́те пообе́дать до́ма, а ва́ша жена́ (ваш муж) — в рестора́не. **д.** Вы дире́ктор фи́рмы. Хоро́ший слу́жащий хо́чет рабо́тать на друго́й фи́рме. А вы хоти́те, что́бы он оста́лся. **е.** Вы больны́, но не хоти́те идти́ к врачу́. А ваш муж (ва́ша жена́, . . .) хо́чет, что́бы вы сходи́ли к врачу́. **ж.** Вы хоти́те пое́хать на Ле́нинские го́ры, а ваш муж (ва́ша жена́, . . .) хо́чет пойти́ в ГУМ. **з.** Вы хоти́те пое́хать на съезд, а ваш муж (ва́ша жена́, . . .)

хо́чет провести́ о́тпуск в до́ме о́тдыха. **и.** Вы хоти́те жить в Га́мбурге, а ва́ша жена́ (ваш муж, . . .) хо́чет жить в А́угсбурге. **й.** Вам не нра́вится, как дире́ктор реши́л вопро́с. Вы хоти́те молча́ть, а ва́ша жена́ (ваш муж, . . .) хо́чет, что́бы вы поговори́ли с дире́ктором.

31. Со́рок лет спустя́.

со́рок лет спустя́	nach vierzig Jahren, vierzig Jahre später
проходи́ть/пройти́ ми́мо + *G*	vorbeigehen an
сигаре́та	Zigarette
очки́ (*Mz*)	Brille
портфе́ль *m*	Aktentasche
огля́дываться/огляну́ться	sich umsehen
повёртываться/поверну́ться	sich umdrehen
заду́мываться/заду́маться	nachdenklich werden, nachsinnen, überlegen
улыба́ться/улыбну́ться	lächeln
разма́хиваться/размахну́ться	ausholen
голова́	Kopf
бежа́ть/побежа́ть вслед за + *I* -и-	hinter ... herlaufen
па́дать/упа́сть	fallen
поднима́ть/подня́ть	aufheben

***32. Отве́тьте на вопро́сы.**

а. У вас есть бра́тья и сёстры? **б.** Сестра́ ва́шей жены́ (ва́шего му́жа) уже́ вы́шла за́муж? **в.** Брат ва́шей жены́ (ва́шего му́жа) уже́ жени́лся? **г.** У вас есть да́ча? **д.** Е́сли да, где ва́ша да́ча? **е.** Како́й сего́дня день? **ж.** Что вы бу́дете де́лать в суббо́ту? **з.** Когда́ ваш нача́льник вас отпусти́л с сохране́нием зарпла́ты (без сохране́ния зарпла́ты)? **и.** Чего́ вы тре́буете от ва́шего нача́льника? **й.** В како́й день вы хо́дите в магази́ны? **к.** Когда́ у вас выходно́й день? **л.** Когда́ вы получа́ете зарпла́ту?

33. Шпарга́лка **Zusatztext**

здоро́ваться/ по-	sich begrüßen
здоро́ваться/ по- с + *I*	jemanden begrüßen
Гм.	Hm!
шмы́гать/ шмы́гнуть но́сом	die Nase rümpfen
Э́то само́ собо́й разуме́ется.	Das versteht sich von selbst. Selbstverständlich.
учи́ть/ научи́ть	lehren, beibringen
Бу́дет сде́лано!	Wird gemacht! Einverstanden.
зада́ние	Aufgabe

запоминáть/ запóмнить	sich merken, behalten
старáться/ по-	sich bemühen
пóмощь *w*	Hilfe
товáрищ	Kamerad(in), Freund(in)
незамéтный, -ая	unauffällig
шпаргáлка	Schummelzettel, Spickzettel
Шпаргáлкой, чтó ли?	Vielleicht (etwa) mit einem Spickzettel?
зачéм	wozu
кáк-нибудь	irgendwie
по-другóму	anders, auf eine andere Weise

— Ну, вот ты, Кóля, скажú — когдá здорóваешься, что ты дóлжен дéлать?
— Гм . . . Не шмы́гать нóсом . . .
— Ну, э́то самó собóй разумéется. А ещё что?
— Не знáю, Нúна Ивáновна, мáма не научúла.
— Вставáть дóлжен, вот что. Пóнял?
— Бýдет сдéлано!
— А тепéрь ты, Кóля, запóмни своё задáние, старáйся помогáть товáрищу, но дéлай это незамéтно . . .
— Шпаргáлкой, чтó ли?
— Ну, зачéм шпаргáлкой! Нехорошó шпаргáлкой. Старáйся кáк-нибудь по-другóму.

34. Диктáнт **Zusatztext**

диктáнт	Diktat
помидóр	Tomate
тетрáдь *w*	Heft
исправля́ть/испрáвить «о» на «а»	verbessern, berichtigen, «o» durch «a» ersetzen
у себя́	bei sich
проверя́ть/провéрить	überprüfen
решáть/решúть	beschließen
возвращáть/вернýть	zurückgeben

Ребя́та писáли диктáнт. Учúтельница Вéра Николáевна прочитáла слóво «помидóр». Светлáна написáла слóво прáвильно и задýмалась. Посмотре́ла в тетра́дь Вале́рия и испра́вила у себя́ «о» на «а». Ко́нчился дикта́нт. Све́та начала́ проверя́ть слова́. Прочита́ла тру́дное сло́во «помидо́р» и заду́малась. Реши́ла у Во́вы прове́рить. Во́ва показа́л ей свою́ тетра́дь. Све́та испра́вила у себя́ «и» на «е».

В суббо́ту учи́тельница верну́ла тетра́ди. Све́та написа́ла слова́ пра́вильно, а в сло́ве «помидо́р» бы́ли две оши́бки.

35. Ва́жная пробле́ма — Zusatztext

Ви́ктор и Лари́са молодожёны.	Viktor und Larissa sind jungverheiratet.
приезжа́ть/ прие́хать в го́сти к + *D*	zu Besuch kommen, besuchen (fahrend)
быть в гостя́х у + *G*	zu Besuch sein bei
име́ть *uv*	haben
проти́вный, -ая	widerlich
пла́кать *uv*	weinen
Де́ти пла́чут.	Die Kinder weinen.
отнима́ть/ отня́ть вре́мя	Zeit wegnehmen, kosten
позволя́ть/ позволи́ть	gestatten, erlauben, die Möglichkeit geben, zulassen
альпини́зм	Bergsteigen
С ребёнком на рука́х в го́ры не пойдёшь.	Mit einem Kind im Arm kann man nicht in die Berge gehen.
абсолю́тный, -ая	absolut
всё-таки	trotzdem
живо́й, -а́я	lebendig
существо́	Wesen
ко́шка	Katze
пуши́стый, -ая	mit flaumig weichem und dichtem Haar, kuschelig
ко́шечка	Kätzchen
мяу́кать *uv*	miauen
соба́ка	Hund
соба́чка	Hündchen
ла́ять *uv*	bellen

20

какóй-нибудь, какáя-нибудь	irgendein(e)
птúца	Vogel
чирúкать *uv.*	zwitschern
Им (*D*) нужнá клéтка.	Sie brauchen einen Käfig.
совéтовать/ по-	raten
Совéтую вам лýчше купúть аквáриум.	Ich rate Ihnen, lieber ein Aquarium zu kaufen.
рыбка	Fischchen
Ты молодéц!	Du bist toll! Du bist große Klasse!
Решенó, мы кýпим аквáриум.	Klar (es ist eine beschlossene Sache), wir werden ein Aquarium kaufen.
полгóда	halbes Jahr
снóва	wieder
вершúна	Gipfel
поднимáться/ поднЯ́ться	hinaufgehen, -steigen
éздить/ съéздить	hin- und wieder zurückfahren
Мы никудá не éздили.	Wir sind nirgends hingefahren.
Рáзве с рыбками поéдешь?	Kann man denn mit Fischchen wegfahren?
кормúть/ по-	füttern
менЯ́ть *uv.*	wechseln
шептáть/ шепнýть нá ухо	flüstern
всё равнó	sowieso
Раз мы всё равнó не мóжем уéхать из дóма, . . .	Wenn wir nun einmal sowieso nicht wegfahren können, . . .
в óбщем	kurzum

Вáжная проблéма **Zusatztext**

Вúктор и Ларúса молодожёны. Недáвно к ним в гóсти приéхал дЯ́дя Пéтя, брат мáтери Ларúсы. Вéчером, когдá все сидéли за столóм и смотрéли телевúзор, дЯ́дя вдруг спросúл: «У вас бýдут дéти? Ведь вы женáты почтú два гóда».

Лариса: Понимáешь, дЯ́дя, мы решúли не имéть детéй.
Дядя: Почемý?
Виктор: Дéти протúвно плáчут.

Лариса: И отнима́ют о́чень мно́го вре́мени.
Виктор: Не позволя́ют занима́ться альпини́змом . . .
Дядя: Коне́чно, с ребёнком на рука́х в го́ры не пойдёшь. Вы абсолю́тно пра́вы. Но, по-мо́ему, в кварти́ре всё-таки должно́ быть живо́е существо́.
Лариса: Мы возьмём ко́шку, таку́ю ми́лую, пуши́стую ко́шечку.
Дядя: Ко́шка мяу́кает.
Виктор: Тогда́ возьмём соба́ку.
Лариса: Ми́лая соба́чка — то́же непло́хо.
Дядя: Но соба́ки ла́ют.
Лариса: Ну, ку́пим каку́ю-нибудь пти́цу.
Дядя: А пти́цы чири́кают и им нужна́ кле́тка. Сове́тую вам лу́чше купи́ть аква́риум. Ры́бки, как изве́стно, не ла́ют, не мяу́кают, не чири́кают и не пла́чут.
Лариса: Дя́дя, ты молоде́ц! Решено́ — мы ку́пим аква́риум.

Че́рез полго́да дя́дя Пе́тя сно́ва прие́хал к ним в го́сти.

Дядя: Ну, как вы провели́ свой о́тпуск? На каки́е вы поднима́лись верши́ны?
Лариса: Понима́ешь, дя́дя Пе́тя, мы никуда́ не е́здили.
Дядя: Никуда́ не е́здили? Почему́?
Виктор: Ра́зве с ры́бками пое́дешь? Ведь их ну́жно корми́ть.
Лариса: И им ну́жно меня́ть во́ду. И пото́м . . .

Лари́са подошла́ к дя́де и шепну́ла ему́ на́ ухо: «Понима́ешь, дя́дя, раз мы всё равно́ не мо́жем уе́хать из до́ма . . . в о́бщем, мы ждём ребёнка».

36. Боль **Zusatztext**

просыпа́ться/ просну́ться	aufwachen
боль *w*	Schmerz
живо́т (*endb.*)	Bauch, Magen
Он просну́лся от бо́ли.	Er erwachte vor Schmerz.
я́блоко (*Mz* я́блоки)	Apfel
мно́го я́блок	viele Äpfel
благодари́ть/ по- + *A*	jemandem danken
ме́лкий, -ая	klein, unbedeutend, bedeutungslos
жите́йская ра́дость	Freude im täglichen Leben

20

огорче́ние	Verdruß, Unannehmlichkeit, Ärger
ку́ртка	Sportjacke
стира́льная маши́на	Waschmaschine
Жигули́	Automarke (Fiat)
пересчи́тывать/ пересчита́ть	nachzählen
изо дня́ в день	tagein, tagaus
уси́ливаться/ усили́ться	stärker werden, sich verstärken
прекраща́ться/ прекрати́ться	aufhören (*intrans.*)
под у́тро	gegen Morgen
выде́рживать/ вы́держать	aushalten
вызыва́ть/ вы́звать	(her)rufen
«Ско́рая по́мощь»	Rettungsdienst, Unfallwagen mit Arzt
умыва́ть/ умы́ть	waschen
табле́тка	Tablette
де́лать/ с- уко́л	eine Spritze geben
До́ктор пожела́л пацие́нту всего́ хоро́шего.	Der Doktor wünschte dem Patienten alles Gute.
больно́й	der Kranke
засыпа́ть/ засну́ть	einschlafen
Его́ фами́лия стоя́ла деся́той.	Sein Familienname stand als zehnter.
Но у него́ была́ восьма́я о́чередь.	Er stand aber an 8. Stelle.
сотру́дник (-ница)	Mitarbeiter(in), Kollege(in)
ра́доваться/ об-	sich freuen
страда́ния (*Mz*)	Leiden (*Mz*)
автомоби́ль *m*	Auto
ва́жный, -ая	wichtig
ничто́	nichts
местко́м (ме́стный комите́т профсою́зной организа́ции)	Betriebsgewerkschaftsleitung (örtliches Gewerkschaftskomitee)
отста́ивать/ отстоя́ть	verteidigen, auf etwas bestehen

Боль **Zusatztext**

В три часа́ но́чи он просну́лся от бо́ли в животе́. Он съел мно́го я́блок. «Ты до́лжен благодари́ть боль. Она́ открыва́ет нам глаза́. Как ме́лки на́ши жите́йские ра́дости и огорче́ния! Мы покупа́ем ку́ртки, стира́льные маши́ны, холоди́льники и други́е ве́щи. Вот я записа́лся на «Жигули́».

А зачём? Мы пересчи́тываем де́ньги, еди́м три ра́за в день, хо́дим в го́сти. А рабо́та. Изо дня́ в день одно́ и то же.» Бо́ли уси́ливались. Он хоте́л то́лько, что́бы все бо́ли прекрати́лись. Под у́тро он не вы́держал и вы́звал «Ско́рую по́мощь». Она́ прие́хала бы́стро. Его́ умы́ли, и он вы́пил табле́тку. До́ктор сде́лал уко́л. До́ктор пожела́л пацие́нту всего́ хоро́шего и уе́хал. 20

Больно́й засну́л и, когда́ он просну́лся, всё бы́ло норма́льно. Он поза́втракал и ушёл на рабо́ту. В вестибю́ле висе́ли спи́ски на «Жигули́». Его́ фами́лия стоя́ла деся́той, но у него́ должна́ была́ быть восьма́я о́чередь. И он поду́мал: «Сотру́дники ра́дуются, что я не восьмо́й, а деся́тый. А э́ти страда́ния помогли́ мне поня́ть, что таки́е ве́щи, как автомоби́ль, нева́жны, ничто́.» Когда́ он вы́шел из ли́фта, он пошёл в местко́м отста́ивать своё восьмо́е ме́сто на «Жигули́».

INHALTSVERZEICHNIS ZUR GRAMMATIKÜBERSICHT

Die Zahlen verweisen auf die Ziffern am Rand

GRAMMATIKÜBERSICHT

Aussprache und Schreibung

Vokale

1 а, о

Unbetonte о und а im Anlaut eines Wortes und in der Silbe direkt vor der betonten Silbe werden wie [ʌ] gesprochen. Alle übrigen unbetonten о und а werden wie [ə] gesprochen.

молокó [məɫʌkɔ́], бумáга [bumágə], бы́стро [bы́strə]

2 е, я

Unbetonte е und я in der Silbe direkt vor der betonten Silbe werden wie [i] gesprochen. Alle übrigen unbetonten е und я werden wie [ə] gesprochen.

меня́ [m'in'á], сейчáс [s'ij'tʃ'ás], язы́к [j'izы́k]

3 é, э́

Betonte е und э werden offen gesprochen [ɛ], wenn direkt ein „harter" Konsonant folgt. Sie werden geschlossen gesprochen [e], wenn direkt ein „weicher" Konsonant folgt.

э́то [ɛ́tə], мéсто [m'ɛ́stə], э́ти [ét'i], на мéсте [m'ést'ə]

4 я, е, ё, ю

am Wortanfang, direkt nach einem anderen Vokal oder nach einem Weichheitszeichen oder einem Härtezeichen werden mit [j'] am Anfang gesprochen.

я́сно [j'ásnə], семья́ [s'im'j'á], юг [j'uk], пóезд [pɔ́j'əst], ещё [j'iʃ'ɔ́], с семьёй [s'im'j'ɔ́j'], плáтье [pɫát'j'ə], интервью́ [int'irv'jú], отъéзд [ʌtj'ést]

5 и

Nach einem Weichheitszeichen wird auch и mit [j'] am Anfang gesprochen.
Nach der Präposition с wird и im Anlaut wie [ы] gesprochen.

се́мьи [s'ém'j'i], с икро́й [sыkrɔ́j'], с И́горем [sы́gər'əm]

6 ы, и

Nach г, к, х, ж, ч, ш, щ steht statt ы immer и. Nach ж, ш klingt и wie ы.

ключи́ [kl'utʃ'í], бума́ги [bumág'i], ножи́ [nʌʒы́], карандаши́ [kərəndʌʃы́]

7 а, я, у, ю

Nach ж, ч, ш, щ, ц steht statt ю, я immer у, а.

я смотрю́	я ви́жу	я держу́
они́ смо́трят	они́ ви́дят	они́ де́ржат
я получу́	я слы́шу	я опущу́
они́ полу́чат	они́ слы́шат	они́ опу́стят

Bei einigen Fremdwörtern kommt ю, я auch nach ж, ч, ш, щ, ц vor:

жюри́, парашю́т, брошю́ра, Цю́рих

8 ё

wird immer betont gesprochen.

Она́ рабо́тает секретарём.

Konsonanten

9 „Hart" — „weich"

Konsonanten vor а, э, ы, о, у, ъ werden „hart" gesprochen.
Konsonanten vor я, е, и, ё, ю, ь werden „weich" gesprochen.
(Siehe Lehrbuch, 1 C, 1 d, S. 7.)

а	ма́сло	[másłə]	э	в э́том	[vɛ́təm]	ы	ры́нок	[rы́nək]
я	мя́со	[m'ásə]	е	ве́шалка	[v'ɛ́ʃəłkə]	и	три	[tr'i]
о	то́же	[tɔ́ʒə]	у	лу́чше	[łútʃə]	ъ	отъе́зд	[ʌt'ɛ́st]
ё	чертёж	[tʃ'irt'ɔ́ʃ]	ю	лю́ди	[l'úd'i]	ь	жаль	[ʒal']

10 ч, щ, й
klingen immer „weich“, gleich welcher Vokalbuchstabe folgt.

чай [tʃ'aj'], посещу́ [pəs'iʃ'ú]

11 ж, ш, ц
klingen immer „hart“, gleich welcher Vokalbuchstabe folgt. Deshalb klingt и nach ж, ш oder ц wie ы.

жить [ʒыt'], уже́ [uʒέ], жёлтый [ʒɔ́łtыj'], вошёл [vʌʃɔ́ł], на́ше [náʃə], ва́ши [váʃы], центр [tsɛntr]

12 Konsonanten als letzter Buchstabe eines Wortes und vor einem „harten“ Konsonanten werden „hart“ gesprochen.

ве́шалка [v'έʃəłkə], Байка́л [bʌj'káł]
Aber: жаль [ʒal']

13 **Stimmhafte Konsonanten** werden direkt vor stimmlosen Konsonanten und am Ende eines Wortes stimmlos gesprochen.

юг [j'uk], хлеб [xl'ɛp], по́езд [pɔ́j'əst], совсе́м [sʌfs'έm], оши́бка [ʌʃы́pkə]

14 **Stimmlose Konsonanten** werden direkt vor den stimmhaften Konsonanten б, г, д, ж, з stimmhaft gesprochen.

сдать [zdat'], сде́лать [zd'έłət'], футбо́л [fudbɔ́ł], с Га́лей [zgál'əj'], от жены́ [ʌdʒыны́], с за́пада [zápədə]

Deklinationsmuster der Substantiv- und Adjektivdeklinationen

Zusammenfassung der Varianten

15 **„Weiche“ Variante:** Substantive und Adjektive, deren Stamm auf einen „weichen“ Konsonanten, außer ч, щ, einen Vokal oder ein weiches Zeichen endet, haben

statt	а	ы	о	у
immer	я	и	е (betont ё)	ю

16 а/я

	Hart	Weich
G Ez, m+s	за́л**а**	— го́ст**я** (*N* гость)
	окн**а́**	— ма́**я** (*N* май), мо́р**я** (*N* мо́ре),
		— общежи́ти**я** (*N* общежи́тие)
		— бель**я́** (*N* бельё)
N/A Mz, s	о́кн**а**	— мор**я́**, совеща́ни**я**, воскресе́нь**я**
N Ez, w	кварти́р**а**	— ба́шн**я**, экску́рси**я**, семь**я́**
	краси́в**ая**	— сре́дн**яя**
D Mz	ученик**а́**м	— гост**я́**м, мор**я́**м, ба́шн**я**м
	о́кн**а**м	— трамва́**я**м, зда́ни**я**м, фами́ли**я**м
	де́вочк**а**м	— пла́ть**я**м, се́мь**я**м
I Mz	ученик**а́**ми	— секретар**я́**ми, мор**я́**ми, ба́шн**я**ми
	о́кн**а**ми	— трамва́**я**ми, зда́ни**я**ми, фами́ли**я**ми
	де́вочк**а**ми	— пла́ть**я**ми, се́мь**я**ми
P Mz	стака́н**а**х	— дн**я**х, мор**я́**х, ба́шн**я**х
	о́кн**а**х	— трамва́**я**х, зда́ни**я**х, фами́ли**я**х
	кварти́р**а**х	— пла́ть**я**х, се́мь**я**х

17 ы/и

N Mz, m+w	стака́н**ы**	— го́ст**и**, ку́хн**и**
	ко́мнат**ы**	— трамва́**и**, экску́рси**и**, се́мь**и**
G Ez, w	ко́мнат**ы**	— ку́хн**и**, лаборато́ри**и**, семь**и́**
N/A Ez, m	кра́сн**ы**й	— си́н**и**й
N/A Mz	кра́сн**ы**е	— си́н**и**е
G/P Mz	кра́сн**ы**х	— после́дн**и**х
D Mz/I Ez, m+s	кра́сн**ы**м	— сре́дн**и**м
I Mz	кра́сн**ы**ми	— си́н**и́**ми

18 о/е (ё)

N Ez, s	кре́сл**о**	— мо́р**е**, заявле́ни**е**, воскресе́нь**е**
I Ez, m+s	са́хар**о**м	— И́гор**е**м, мо́р**е**м, секретар**ё**м
	ма́сл**о**м	— Ю́ри**е**м, заявле́ни**е**м, Подмоско́вь**е**м,
		— бель**ё**м

I Ez, w	ры́б**ой**	— ку́хн**ей**, А́зи**ей**, семь**ёй**
N Ez, s	бе́л**ое**	— после́дн**ее**
G Ez, m+s	бе́л**ого**	— си́н**его**
P Ez, m+s	бе́л**ом**	— сре́дн**ем**
D/G/I/P Ez, w	бе́л**ой**	— после́дн**ей**

19 у/ю

D Ez, m+s	дру́г**у**	— го́ст**ю**, мо́р**ю**
	окн**у́**	— Ю́ри**ю**, зда́ни**ю**, пла́ть**ю**
A Ez, w	ко́мнат**у**	— ку́хн**ю**, экску́рси**ю**, семь**ю́**
	чёрн**ую**	— си́н**юю**

Andere Varianten

20 е/о

Nach ж, ч, ш, щ oder ц treten е und о in der Endung als Varianten auf, е für die unbetonten und о für die betonten Endungen. Vergleichen Sie die е/ё-Variante für die übrigen Substantive (S. 171 f.).

G Ez, m+s	све́ж**его**, рабо́ч**его**	— больш**о́го**
	хоро́ш**его**, о́бщ**его**	
G Mz, m	ме́сяц**ев**	— конц**о́в**
I Ez, m+s	му́ж**ем**, Рома́нович**ем**	— нож**о́м**, этаж**о́м**
	това́рищ**ем**, со́лнц**ем**	— врач**о́м**, ключ**о́м**
		— карандаш**о́м**
		— отц**о́м**, лиц**о́м**, конц**о́м**
I Ez, w	Серёж**ей**, да́ч**ей**, Са́ш**ей**	— левш**о́й**
	гости́ниц**ей**	
G/D/I/P Ez, w	све́ж**ей**, рабо́ч**ей**	— больш**о́й**
	ва́ш**ей**, о́бщ**ей**	
P Ez, m+s	све́ж**ем**, рабо́ч**ем**	— больш**о́м**
	ва́ш**ем**, о́бщ**ем**	

21 ы/и

Nach г, к, х, ж, ч, ш, щ steht statt ы immer и.

N Ez, m	жёлт**ый**	— стро́г**ий**, ру́сск**ий**
		— ти́х**ий**, све́ж**ий**, рабо́ч**ий**
		— хоро́ш**ий**, о́бщ**ий**

N Mz, m+w	стака́н**ы**	— бума́г**и**, буты́лк**и**, этаж**и́**
		— ключ**и́**, каранданш**и́**, това́рищ**и**
I Ez, m+s/D Mz	жёлт**ым**	— стро́г**им**, ру́сск**им**, ти́х**им**
		— све́ж**им**, рабо́ч**им**, на́ш**им**, о́бщ**им**
G/P Mz	жёлт**ых**	— стро́г**их**, ру́сск**их**, плох**и́х**
		— све́ж**их**, рабо́ч**их**, хоро́ш**их**, о́бщ**их**

22 Flüchtige o oder e

Eine Anzahl männlicher Substantive hat im *N Ez* ein o oder e, das außer im gleichlautenden *A* nicht mehr auftritt! Vgl. Aufzählung auf S. 178.

N	от**е́**ц	отцы́
G	отца́	
D	отцу́	отца́м
A	отца́	
I	отцо́м	отца́ми
P	отце́	отца́х

Deklinationsmuster

SUBSTANTIVE

Einzahl, männliche und sächliche Substantive

23 Grundmuster für Stämme, die auf einen „harten“ Konsonanten enden

N	зал		ме́сто
G	за́ла		ме́ста
D	за́лу		ме́сту
A	зал	сы́на	ме́сто
I	за́лом		ме́стом
P	за́ле		ме́сте
	m	*m* belebte Variante	*s*

24 Variante für Stämme, die auf einen „weichen“ Konsonanten oder ein weiches Zeichen enden

N	гость		мо́ре	бельё	пла́тье
G	го́стя		мо́ря		пла́тья
D	го́стю		мо́рю		пла́тью
A	го́стя	[1] рубль	мо́ре	бельё	пла́тье
I	го́стем	[2] секретарём	мо́рем	бельём	пла́тьем
P	го́сте		мо́ре		пла́тье
	m	*m* [1] unbelebte Variante [2] endbetonte Variante	*s*	*s* endbetonte Variante	

25 Variante für Stämme die auf einen Vokal enden

N	Васи́лий		заявле́ние
G	Васи́лия		заявле́ния
D	Васи́лию		заявле́нию
A	Васи́лия	трамва́й	заявле́ние
I	Васи́лием		заявле́нием
P	Васи́ли**и** [1]		заявле́ни**и** [1]
	m	*m* unbelebte Variante	*s*

[1] Einzige Abweichung von 24.

26 Variante für Stämme, die auf **ж, ч, ш, щ** oder **ц** enden

N	муж		со́лнце
G	му́жа		со́лнца
D	му́жу		со́лнцу
A	му́жа	ключ [2]	со́лнце
I	му́ж**ем** [1]	врачо́м [3]	со́лнц**ем** [1]
P	му́же		со́лнце
	m	*m* [2] unbelebte Variante [3] endbetonte Variante	

[1] Einzige Abweichung vom Grundmuster 23.

27 Belebte Variante

Substantive, die ein Lebewesen bezeichnen wie z. B. оте́ц, ма́льчик, сын, nennt man belebte Substantive.

Der *A Ez* männlicher belebter Substantive wird wie der entsprechende *G Ez* gebildet.

Я ви́дел журна́л.	Unbelebt: *A* = *N*
Я ви́дел Оле́га.	Belebt: *A* = *G*

Einzahl, weibliche Substantive

28 Grundmuster für Stämme, die auf einen „harten" Konsonanten oder **ч, щ** enden

N	ко́мната		
G	ко́мнаты	бума́ги [1]	
D	ко́мнате		
A	ко́мнату		
I	ко́мнатой	встре́чей [2]	левшо́й [3]
P	ко́мнате		

[1] Variante für Stämme, die auf г, к, х, ж, ч, ш, щ enden

[2] Variante für Stämme, die auf ж, ч, ш, щ oder ц enden

[3] Die endbetonte Variante zu [2]

29 Variante für Stämme, die auf einen „weichen" Konsonanten oder ein weiches Zeichen enden

N	ку́хня	семья́
G	ку́хни	семьи́
D	ку́хне	семье́
A	ку́хню	семью́
I	ку́хней	семьёй [1]
P	ку́хне	семье́

[1] Endbetonte Variante

30 Variante für Stämme, die auf einen Vokal enden

N	фами́лия
G	фами́лии
D	фами́л**ии** [1]
A	фами́лию
I	фами́лией
P	фами́л**ии** [1]

[1] Echte Abweichung vom Grundmuster

31 Weibliche и-Deklination

N	пло́щадь	
G	пло́щади	
D	пло́щади	
A	пло́щадь	
I	пло́щадью	путём
P	пло́щади	
	w	*m* Ausnahme

32 Natürliches und grammatisches Geschlecht

Es gibt Substantive, die nach dem weiblichen Deklinationsmuster behandelt werden (grammatisches Geschlecht), aber ein männliches Wesen bezeichnen (natürliches Geschlecht), wie z. B. де́душка, Са́ша, Серёжа. Zu solchen Substantiven gehörige Adjektive und Pronomen werden nach dem natürlichen Geschlecht des Substantivs dekliniert.

Я провёл о́тпуск у сво**его́** де́душк**и**.
Я ви́дела сво**его́** де́душк**у**.

Außerdem gibt es Substantive, die nach dem männlichen Deklinationsmuster behandelt werden, aber ein weibliches Wesen bezeichnen. In den meisten Fällen bezeichnen solche Substantive Berufe. Zu solchen Substantiven gehörige Adjektive und Pronomen werden meistens nach dem grammatischen Geschlecht des Substantivs dekliniert.

Она́ хоро́ший врач.
Она́ молодо́й администра́тор.

Mehrzahl, männliche, weibliche und sächliche Substantive

33 Grundmuster für Stämme, die auf einen „harten“ Konsonanten oder ч, щ enden

N	за́лы	ножи́ [1]	ко́мнаты	встре́чи [1]	места́
G [2]	—		—		—
D	за́лам		ко́мнатам		места́м
A	за́лы	ножи́ [1]	ко́мнаты	встре́чи [1]	места́
I	за́лами		ко́мнатами		места́ми
P	за́лах		ко́мнатах		места́х
	m		*w*		*s*

[1] Variante für Stämme, die auf г, к, х, ж, ч, ш, щ enden.

[2] Vom *G Mz* sind bisher nur folgende Formen mit folgenden Substantiven bekannt: ме́сяц — ме́сяцев, метр — ме́тров, час — часо́в, день — дней, рубль — рубле́й, ма́рка — ма́рок, мину́та — мину́т, копе́йка — копе́ек.

34 Variante für Stämme, die auf einen „weichen“ Konsonanten, ein weiches Zeichen oder einen Vokal enden

N	представи́тели	трамва́и	ку́хни	пло́щади	се́мьи	фами́лии
G	—	—	—	—	—	—
D	представи́телям	трамва́ям	ку́хням	площадя́м	се́мьям	фами́лиям
A	—	трамва́и	ку́хни	пло́щади	се́мьи	фами́лии
I	представи́телями	трамва́ями	ку́хнями	площадя́ми	се́мьями	фами́лиями
P	представи́телях	трамва́ях	ку́хнях	площадя́х	се́мьях	фами́лиях
	m		*w*			

N	моря́	пла́тья	заявле́ния
G	—	—	—
D	моря́м	пла́тьям	заявле́ниям
A	моря́	пла́тья	заявле́ния
I	моря́ми	пла́тьями	заявле́ниями
P	моря́х	пла́тьях	заявле́ниях
	s		

Zusammenfassung von Besonderheiten bei Substantiven

35 N Mz auf -á bei männlichen Substantiven

а́дрес	— адреса́
бе́рег	— берега́
ве́чер	— вечера́
гла́з	— глаза́
го́д	— года́ (neben го́ды)
господи́н	— господа́
дире́ктор	— директора́
N Ez	*N Mz*

	дом	— дома́
	но́мер	— номера́
	па́спорт	— паспорта́
	по́езд	— поезда́
	профе́ссор	— профессора́
	четве́рг	— четверга́
Ähnlich:	учи́тель	— учителя́
	N Ez	*N Mz*

36 N Mz auf **-ья** bei männlichen und sächlichen Substantiven

брат	— бра́тья
де́рево	— дере́вья
друг	— друзья́
N Ez	*N Mz*

муж	— мужья́
стул	— сту́лья
сын	— сыновья́
N Ez	*N Mz*

37 **Andere Unregelmäßigkeiten im N Mz**

господи́н	— господа́
граждани́н	— гра́ждане
дочь	— до́чери
друг	— друзья́
мать	— ма́тери
ребёнок	— ребя́та (neben де́ти)
N Ez	*N Mz*

сосе́д	— сосе́ди
сын	— сыновья́
у́хо	— у́ши
цвето́к	— цветы́
челове́к	— лю́ди
N Ez	*N Mz*

38 **Unregelmäßigkeiten im G Ez**

мать	— ма́тери
дочь	— до́чери
N Ez	*G Ez*

39 **Unregelmäßigkeiten im I**

де́ти	— детьми́
путь	— путём
N Ez	*I Ez*

40 **Männliche Substantive mit P auf -у́ nach в, на**

аэропо́рт	— в аэропорту́
бе́рег	— на берегу́
год	— в ... году́
пол	— на полу́
N Ez	*P Ez*

сад	— в саду́
снег	— в снегу́
час	— в ... часу́
шкаф	— в шкафу́
N Ez	*P Ez*

41 **Substantive mit flüchtigem о oder е**

дворе́ц	— дворца́
день	— дня
звоно́к	— звонка́

ка́мень	— ка́мня
коне́ц	— конца́
кусо́к	— куска́

лоб	— лба
оте́ц	— отца́
пода́рок	— пода́рка
поря́док	— поря́дка
N Ez	*G Ez*

ребёнок	— ребёнка
спи́сок	— спи́ска
у́голь	— у́гля
цвето́к	— цветка́
N Ez	*G Ez*

42 Männliche Substantive, die immer endbetont sind

борщ	— борща́
врач	— врача́
двор	— двора́
дворе́ц	— дворца́
дека́брь	— декабря́
дура́к	— дурака́
звоно́к	— звонка́
каранда́ш	— карандаша́
ключ	— ключа́
N Ez	*G Ez*

коне́ц	— конца́
конья́к	— коньяка́
кусо́к	— куска́
нож	— ножа́
ноя́брь	— ноября́
октя́брь	— октября́
оте́ц	— отца́
рубль	— рубля́
секрета́рь	— секретаря́
N Ez	*G Ez*

сентя́брь	— сентября́
стол	— стола́
учени́к	— ученика́
февра́ль	— февраля́
чертёж	— чертежа́
шашлы́к	— шашлыка́
эта́ж	— этажа́
язы́к	— языка́
янва́рь	— января́
N Ez	*G Ez*

43 Substantive mit unterschiedlicher Betonung in Ez und Mz

мир	— миры́
пол	— полы́
сад	— сады́
суп	— супы́
час	— часы́
шкаф	— шкафы́
N Ez	*N Mz*
m	

вино́	— ви́на	мо́ре	— моря́
де́ло	— дела́	окно́	— о́кна
		письмо́	— пи́сьма
лицо́	— ли́ца	сло́во	— слова́
ме́сто	— места́	стекло́	— стёкла
N Ez	*N Mz*	*N Ez*	*N Mz*
s			

весна́	— вёсны	нога́	— но́ги	сестра́	— сёстры
война́	— во́йны	плита́	— пли́ты	стена́	— сте́ны
гора́	— го́ры	река́	— ре́ки	сторона́	— сто́роны
жена́	— жёны	рука́	— ру́ки	страна́	— стра́ны
зима́	— зи́мы	семья́	— се́мьи	среда́	— сре́ды
колбаса́	— колба́сы				
N Ez	*N Mz*	*N Ez*	*N Mz*	*N Ez*	*N Mz*
w					

44 Substantive mit mehrfach wechselnder Betonung

вода́	воды́	воде́	водо́й				— во́ду	во́ды
гора́	горы́	горе́	горо́й	гора́м	гора́ми	гора́х	— го́ру	го́ры
зима́	зимы́	зиме́	зимо́й	**зи́мам**	**зи́мами**	**зи́мах**	— зи́му	зи́мы
нога́	ноги́	ноге́	ного́й	нога́м	нога́ми	нога́х	— но́гу	но́ги
рука́	руки́	руке́	руко́й	рука́м	рука́ми	рука́х	— ру́ку	ру́ки
сторона́	-ы́	-е́	-о́й	-а́м	-а́ми	-а́х	— сто́рону	сто́роны
Endbetont							Stammbetont	
N/G/D/I/P Ez				*D/I/P Mz*			*A Ez*	*N/A Mz*

веща́м веща́ми веща́х	— ве́щи
гостя́м гостя́ми гостя́х	— го́сти
должностя́м должностя́ми должностя́х	— до́лжности
очередя́м очередя́ми очередя́х	— о́череди
площадя́м площадя́ми площадя́х	— пло́щади
частя́м частя́ми частя́х	— ча́сти
новостя́м новостя́ми новостя́х	— но́вости
Endbetont	Stammbetont
D/I/P Mz	*N/A* [1] *Mz*

[1] nicht bei belebten Substantiven

45 Substantive, die wie Adjektive dekliniert werden

дежу́рная, моро́женое, рабо́чий, рабо́чая, слу́жащий, слу́жащая, столо́вая, шампа́нское

ADJEKTIVE

Einzahl, männliche und sächliche Adjektive

46 Grundmuster für Stämme, die auf einen „harten“ Konsonanten oder ч, щ enden

N	но́вый	больно́й [1]	ма́ленький [2]		большо́й [1]	*m*
G	но́вого			хоро́шего [4]	большо́го [5]	
D	—					
A	но́вый	но́вого [3]	ма́ленький [2]	хоро́шего [3, 4]	большо́го [5]	
I	но́вым		ма́леньким [2]			
P	но́вом			хоро́шем [4]	большо́м [5]	

N	нóвое	хорóшее [4]	большóе [5]	*s* Abweichungen
A	нóвое	хорóшее [4]		

[1] Endbetonte Variante
[2] и-Variante für Stämme, die auf г, к, х, ж, ч, ш, щ enden (S. 172 f.)
[3] Belebte Variante
[4] e-Variante nach ж, ч, ш, щ, ц, wenn die Endung nicht betont ist (S. 172)
[5] o-Variante nach ж, ч, ш, щ, ц, wenn die Endung betont ist (S. 172)

47 Variante für Stämme, die auf einen „weichen" Konsonanten enden, außer ч, щ

N	послéдний	послéднее
G	послéднего	
D	—	
A	послéдний послéднего [1]	послéднее
I	послéдним	
P	послéднем	
	m	*s* Abweichung

[1] Belebte Variante

Einzahl, weibliche Adjektive

48 Grundmuster für Stämme, die auf einen „harten" Konsonanten oder ч, щ enden

N	нóвая		
G	нóвой	хорóшей [1]	большóй [2]
D	—		
A	нóвую		
I	нóвой	хорóшей [1]	большóй [2]
P	нóвой	хорóшей [1]	большóй [2]

[1] e-Variante nach ж, ч, ш, щ, ц, wenn die Endung nicht betont ist (S. 172)
[2] o-Variante nach ж, ч, ш, щ, ц, wenn die Endung betont ist (S. 172)

49 **Variante für Stämme, die auf einen „weichen" Konsonanten enden**

N	после́дняя
G	после́дней
D	—
A	после́днюю
I	после́дней
P	после́дней

50 **Mehrzahl, männliche, weibliche und sächliche Adjektive**

N	но́вые	ма́ленькие [1]	после́дние
G	—		
D	но́вым	ма́леньким [1]	после́дним
A	но́вые [2]	ма́ленькие [1, 2]	после́дние [2]
I	—		
P	но́вых	ма́леньких [1]	после́дних

[1] и-Variante für Stämme, die auf г, к, х, ж, ч, ш, щ enden (S. 172 f.)
[2] Nur unbelebte

51 PERSONALPRONOMEN

N	я	ты	мы	вы	он/оно́	она́	они́
G	меня́	тебя́	нас	вас	(н)его́ [1]	(н)её [1]	(н)их [1]
D	мне	тебе́	нам	вам	(н)ему́ [1]	(н)ей [1]	(н)им [1]
A	меня́	тебя́	нас	вас	(н)его́ [1]	(н)её [1]	(н)их [1]
I	мной	—	—	—	(н)им [1]	(н) ей [1] / (н) е́ю [1]	(н)и́ми [1]
P	—	—	—	—	нём	ней	них
	1. Person	2. Person	1. Person	2. Person	3. Person *m+s*	3. Person *w*	3. Person *m+w+s*
	Einzahl		Mehrzahl		Einzahl		Mehrzahl

[1] nach Präpositionen mit н, ohne Präpositionen ohne н, z. B. Я ви́дел его́. / Я смотре́л на него́.

52 Übersicht

mein		— свой, мой	unser	— свой, наш
dein		— свой, твой	euer	— свой, ваш
sein	*m+s*	— свой, его́	Ihr	— свой, Ваш
ihr		— свой, её	ihr	— свой, их

53 Alle Personen, Ez und Mz, Subjekt = Besitzer

	m		*s*	*w*	
N	свой		своё	своя́	свои́
G		своего́		свое́й	—
D		—		—	—
A	свой [1] своего́ [2]		своё	свою́	свои́ [1]
I		—		—	—
P		—		—	—
	Ez				*Mz*

Ива́н лю́бит **свой** но́вый костю́м.
А жена́ Ива́на его́ костю́м не лю́бит.
Я вы́полнил **свой** чертёж.
Ты не вы́полнил мой чертёж?

Свой wird verwendet, wenn der Besitzer und das Subjekt des Satzes identisch sind; sonst werden мой, свой, его́, её, наш, ваш, их benutzt:

54 1. und 2. Person, Ez und Mz, Subjekt ≠ Besitzer

N	мой		моё	моя́	мои́	твой		твоё	твоя́	твои́	*N*
G		моего́		мое́й	—		твоего́		твое́й	—	*G*
D		—		—	—		—		—	—	*D*
A	мой [1] моего́ [2]		моё	мою́	мои́ [1]	твой [1] твоего́ [2]		твоё	твою́	твои́ [1]	*A*
I		—		—	—		—		—	—	*P*
P		—		—	—		—		—		*I*
Besitztum	*m* *Ez*		*s* *Ez*	*w* *Ez*	*Mz*	*m* *Ez*		*s* *Ez*	*w* *Ez*	*Mz*	

N	наш		на́ше	на́ша	на́ши	ваш		ва́ше	ва́ша	ва́ши	*N*
G		на́шего		на́шей	—		ва́шего		ва́шей	—	*G*
D		—		—	—		—		—	—	*D*
A	наш [1] на́шего [2]		на́ше	на́шу	на́ши [1]	ваш [1] ва́шего [2]		ва́ше	ва́шу	ва́ши [1]	*A*
I		на́шим		—	—		ва́шим		—	—	*I*
P		на́шем		—	на́ших		ва́шем		—	ва́ших	*P*
Be-sitz-tum	*m* *Ez*		*s* *Ez*	*w* *Ez*	*Mz*	*m* *Ez*		*s* *Ez*	*w* *Ez*	*Mz*	

[1] Nur unbelebt. [2] Nur belebt.

55 3. Person, Subjekt ≠ Besitzer

	Ez		*Mz*	Besitzer
Undeklinierbar, d. h. unabhängig von Geschlecht, Fall und Zahl des Besitztums	*m+s*	*w*		
	его́	её	их	

Beispiele für его́ (Besitzer ist jedesmal Ви́ктор): Э́то его́ сестра́. Я зна́ю его́ сестру́. Я игра́л с его́ сестро́й. Я нра́влюсь его́ сестре́. Ма́ма рассказа́ла о его́ сестре́. Э́то его́ биле́ты.

56 FRAGEPRONOMEN КТО, ЧТО UND ЧЕЙ

	кто	*m*	*w*	*s*	*Mz*	что
N	кто					что
G	кого́ [1]	чей [1],	чья,	чьё,	чьи	чего́
D	кому́					чему́
A	кого́					что
I	кем					чем
P	о ком					о чём

[1] Zusammen mit Substantiven nur чей, mit Verben und Präpositionen кого́. Чей wird wie ein Adjektiv benutzt.

Для кого́ вы рабо́тали?
Кого́ (чего́) вы бои́тесь?
Чья э́то су́мка? Чьи э́то чертежи́?
Чей план вы принесли́?

57 HINWEISENDE PRONOMEN Э́ТОТ UND ТОТ

N	э́тот/э́то			э́та	э́ти	те [1]
G	э́того		того́ [1]	э́той	—	
D	—			—	—	
A	э́тот/э́то	э́того		э́ту	э́ти	те [1]
I	—		тем [1]	э́той	—	
P	э́том			э́той	—	
	m+s	belebt		*w*	*Mz*	

[1] Von тот werden nur die Formen aufgeführt, die sich von den entsprechenden Formen von э́тот unterscheiden.

58 ВЕСЬ

N	весь		вся	всё	все
G	всего́		—	всего́	—
D	—		—	—	—
A	весь	всего́	всю	всё	все
I	—		—	—	—
P	—		—	—	—
	m	belebt	*w*	*s*	*Mz*

59 Funktion der einzelnen Fälle

Nominativ

1. Als Subjekt eines Satzes: **Лари́са** пока́ не рабо́тает.
2. Als Prädikatsnomen: Га́ля — **учи́тельница.**
3. Nach зову́т: Меня́ зову́т Ива́н **Ива́нович.**

60 Genitiv

1. Zur Bezeichnung der Grundmenge bei der Angabe einer Teilmenge: па́чка **ча́я**, стака́н **воды́**, мно́го **у́гля**, пять **рубле́й**.
2. Zur genaueren Bestimmung eines Gegenstandes oder einer Person: кабине́т **дире́ктора**, сестра́ **мое́й жены́**, зда́ние **ГУМа**, тип **сверхзвуково́го самолёта**, муж **Га́ли**, на восто́ке **Сове́тского Сою́за**, в феврале́ се́мьдесят **второ́го го́да**, дире́ктор **шко́лы**, студе́нт **пе́рвого ку́рса**, учени́к **пе́рвого кла́сса**, в конце́ **го́да**, в нача́ле **ле́та**, в середи́не **ме́сяца**, представи́тель **фи́рмы**.

3. Zur Angabe des Datums, an dem eine Handlung stattfindet: За́втра, **седьмо́го** ма́я, у вас бу́дет совеща́ние.
4. Nach dem Adjektiv по́лный, -ая und nach den Verben жела́ть, боя́ться: Приёмная дире́ктора была́ полна́ **наро́да**.
   Жела́ю вам **я́ркого со́лнца** и **хоро́шего сне́га.**
5. Nach den Präpositionen без, для, до, из, кро́ме, о́коло, от, по́сле, у, с (auch mit I, → L. 6 und L. 9).

61 Dativ

1. Zur Bezeichnung der Adressaten einer Handlung: Вот **вам** меню́. Администра́тор даёт **Ви́ктору** и **Татья́не** анке́ты. Ка́сдорфы хотя́т купи́ть пода́рки **де́тям**. Могу́ **тебе́** предложи́ть биле́т во МХАТ. Констру́ктор расска́зывает **де́тям** о себе́. Они́ задаю́т **ему́** ра́зные вопро́сы. Жела́ю **вам** успе́ха. Ви́ктор отвеча́ет (говори́т) **администра́тору:** «. . .». **Кому́** он принёс цветы́? Вообще́ мы помога́ем друг **дру́гу.**
2. Bei den Verben ве́рить, каза́ться, нра́виться: Ва́ша рабо́та **вам** нра́вится? **Мне** ка́жется, что за после́дние ме́сяцы ты бы́стро вы́рос. Ты не пове́ришь **глаза́м**.
3. Bei на́до, ну́жно: Скажи́те, пожа́луйста, где **мне** ну́жно (на́до) сойти́.
4. Nach den Präpositionen по, к (ко).

62 Akkusativ

1. Als Objekt einer Handlung: Ива́н Степа́нович откры́л **дверь**. Де́душка взял **су́мку**. Куда́ ты поста́вила **лека́рство**?
2. Zur Angabe der Dauer einer Handlung: Полёт продолжа́ется **семь часо́в**. (⟷ за семь часо́в: → L. 19)
3. Zur Angabe des Abstandes, in dem sich eine Handlung wiederholt, mit ка́ждый: **Ка́ждый день** до́лго сижу́ в библиоте́ке. (**ка́ждое у́тро**, **ка́ждую ночь**, **ка́ждые два часа́**, **ка́ждую неде́лю**)
4. Nach den Präpositionen в (auch mit P: → L. 4), на (auch mit P: → L. 4), за (auch mit I: → L. 6), под (auch mit I: → L. 8), че́рез.

63 Instrumental

1. Zur Angabe des Mittels, mit dem eine Handlung ausgeführt wird: Извини́, что я написа́л письмо́ **карандашо́м**. Я ем **ви́лкой. Ле́вой руко́й** он опуска́ет моне́ту сле́ва. Там пла́тят **до́лларами**, **фра́нками**, **ма́рками** ФРГ и т. д. Вдруг Никола́й Алекса́ндрович уда́рил себя́ **ладо́нью** по лбу.
2. Zur Angabe der Tageszeiten und der Jahreszeiten, in denen (zu denen) eine Handlung stattfindet: Он прие́дет **у́тром** (**днём**, **ве́чером**, **но́чью**, **ле́том**, **о́сенью**, **зимо́й**, **весно́й**).
3. Zur Angabe der Funktion, in der jemand arbeitet: Рабо́таю **инжене́ром**.

4. Nach den Verben занима́ться, руководи́ть, управля́ть: Я занима́лась **детьми́**. Я не управля́ю **самолётами**, а руковожу́ **коллекти́вом**.
5. Nach den Präpositionen за (auch mit A: → L. 6), над, пе́ред, под (auch mit A: → L. 8), с (auch mit G: → L. 6 + L. 9).

64 **Präpositiv**

Nur nach den Präpositionen в (auch mit A → L. 4), на (auch mit A → L. 4), о (об), при.

PRÄPOSITIONEN

65 Varianten: Einige Präpositionen wie z. B. с, в und к erhalten vor einem mit zwei Konsonanten beginnenden Substantiv oft ein о: **со мной**, **во вто́рник**, **ко мне**.

Präpositionen mit mehreren Funktionen

66 **в mit Akkusativ**

1. Zur Angabe des Ortes, wenn man nach dem Ort mit „wohin" fragen könnte. Zur Angabe der Richtung, in der eine Handlung ausgeführt wird: Жена́ ушла́ **в теа́тр.** Я, наве́рное, поста́вила лека́рство **в шкаф**.
2. Zur Angabe der Uhrzeit, zu der eine Handlung ausgeführt wird: Бори́с пришёл домо́и уже́ **в пять часо́в**.
3. Zur Angabe, wie häufig eine Handlung in einer Zeiteinheit ausgeführt wird: Смотря́ ско́лько раз **в день** топи́ть. — Оди́н раз **в день (в неде́лю, в ме́сяц, в год, в час).**
4. Zur Angabe von kürzeren Zeiträumen, in denen eine Handlung ausgeführt wird, und zusammen mit вре́мя: **в э́ту мину́ту**, **в э́тот час**, **в э́тот день**, **в свобо́дное вре́мя**.
5. Zur Angabe, zum wievielten Mal eine Handlung ausgeführt wird: Ка́сдорфы прилете́ли **в пе́рвый раз (во второ́й раз)** в СССР.

67 **в mit Präpositiv**

1. Zur Angabe des Ortes, an dem eine Handlung ausgeführt wird (wenn man nach dem Ort mit „wo" fragen kann): Ни́на **в ко́мнате**, а мать **в ку́хне**. Пообе́даете **в гости́нице**.
2. Zur Angabe von längeren Zeiträumen, in denen eine Handlung ausgeführt wird: **В э́том году́** у меня́ о́тпуск зимо́й, **в феврале́ (в э́том ме́сяце)**.
3. Zur Bezeichnung der Kleidung die bei einer Handlung getragen wird: На трамва́йной остано́вке стоя́т два граждани́на: оди́н **в шля́пе**, друго́й **в ша́пке-уша́нке**.

68 **до** (mit Genitiv)

1. Zur Bezeichnung einer Bewegung bis zu einem bestimmten Ort hin: Наконе́ц, они́ **дошли́ до шко́лы**. Вот на э́том трамва́е вы мо́жете **дое́хать до гости́ницы** «Восхо́д». Мо́жно е́хать на по́езде **до Ти́хого океа́на**.

2. Zur Angabe einer Entfernung zusammen mit от: **От аэропо́рта до Москвы́** приме́рно 40 км.
3. Zur Angabe einer Zeit vor einem bestimmten Ereignis: **До обе́да** он был в институ́те.
4. Zur Angabe der Dauer einer Handlung mit Angabe der Daten mit с (mit *G*): Я хочу́ взять о́тпуск **с деся́того до два́дцать четвёртого** а́вгуста.

69 за mit Akkusativ

1. Zur Angabe einer Bewegung hinter etwas, jemanden (wenn man mit „wohin" fragen kann): Они́ се́ли **за стол**.
2. Zur Angabe der Zeit, die man braucht, um eine Handlung auszuführen: **За после́дние ме́сяцы ты** бы́стро вы́рос. Мы прилете́ли **за три часа́**. L. 19, S. 129 1.)
3. Zur Angabe des zeitlichen Abstandes einer Handlung vor einer anderen Handlung, einem anderen Ereignis: Запи́сываться на приём на́до бы́ло **за неде́лю ра́ньше. (за ме́сяц, за день, за две неде́ли, за год ра́ньше**)
4. In der Bedeutung „für": Большо́е спаси́бо **за угоще́ние**. **За поку́пки** там пла́тят до́лларами, фра́нками и т. д. Есть матрёшки **за 2—4 рубля́**, но есть и **за 15 рубле́й**.

70 за mit Instrumental

Zur Angabe des Ortes, hinter dem sich eine Handlung abspielt (wenn man mit „wo" fragen kann): Де́ти игра́ют **за до́мом**. Что **за ко́мнатой**?

71 на mit Akkusativ

1. Zur Angabe einer Bewegung auf etwas hinauf (wenn man mit „wohin" fragen kann): Посмотри́ **на него́**! Я поста́вила су́мку **на стул**. Я ходи́л **на по́чту**.
   Oft ist diese Vorstellung allerdings nicht mehr vorhanden: Я ходи́л на по́чту (s. auch § 73).
2. Zur Angabe eines Zeitraums, für den eine Handlung geplant ist: Отпусти́те меня́ **на неде́лю (на час, на ме́сяц, на два́дцать мину́т).**

72 на mit Präpositiv

1. Zur Angabe eines Ortes, auf dem eine Handlung abläuft, auf dem sich etwas befindet (wenn man mit „wo" fragen kann): По-мо́ему, оно́ **на столе́**. Су́мка в ку́хне **на сту́ле**. Я был **на стадио́не**. Рабо́тал **на заво́де**.
2. Zur Angabe des Verkehrsmittels, mit dem man sich fortbewegt: Лу́чше всего́ прое́хать **на авто́бусе и́ли трамва́е (на такси́, на маши́не, на самолёте, на метро́, на по́езде, на пароходе**).
3. Zur Angabe der Person, die ein bestimmtes Kleidungsstück anhat: **На Вале́рии** краси́вый жёлтый га́лстук. — А кака́я **на нём** руба́шка?

73 **Liste der Substantive, die mit на benutzt werden, und die im Deutschen nicht mit „auf" benutzt werden:**

автóбус	недéля	трамвáй [1]
бéрег	останóвка	фáбрика
завóд	пóезд [1]	
Кавкáз	рабóта	
лы́жная бáза	самолёт [1]	
маши́на [1]	стадиóн	
метрó [1]	стáнция метрó	
мóре [2]	такси́ [1]	

[1] Diese Substantive werden nur dann mit на benutzt, wenn das Fortbewegungsmittel genannt werden soll. Wenn der Raum angegeben werden soll, in dem sich jemand befindet, wird die Präposition в benutzt: Вы **в трамвáе** сидéли?

[2] in der Bedeutung „am Meer".

74 **пéред** (mit Instrumental)

1. Zur Angabe des Ortes, vor dem sich eine Handlung abspielt oder sich etwas befindet: Пря́мо **пéред ни́ми** собóр Васи́лия Блажéнного.
2. Zur Angabe eines Ereignisses, vor dem sich eine Handlung abgespielt hat: **Пéред отъéздом** Кáсдорфы хотéли купи́ть подáрки.

75 **По** (mit Dativ)

1. Zur Angabe eines Ortes, an dem man sich fortbewegt: Олéг шёл **по у́лице**. Вéчером гуля́ем **по бéрегу** Невы́. Инострáнные гóсти мóгут мéдленно плы́ть на парохóде **по Днепру́ и́ли Вóлге**.
2. Zur Angabe eines Gebiets, auf dem jemand stark, schwach, Spezialist, Anfänger (usw.) ist: Ты знáешь, он хорóший специали́ст **по истóрии. (по эконóмике, спóрту)**
3. Zur Angabe einer Wissensquelle, aus der jemand etwas weiß: **По кáрте гóрода** Кáсдорфы знáют, что тудá мóжно éхать на метрó.
4. Zur Angabe eines Ortes, auf den jemand (etwas) schlägt: Вдруг Николáй Алексáндрович удáрил себя́ ладóнью **пó лбу**.

76 **под mit Akkusativ**

Zur Angabe eines Ortes, unter den sich jemand (etwas) bewegt (so daß man mit „wohin" fragen kann): Вы, навéрное, положи́ли пáспорт **под билéт**.

77 **под mit Instrumental**

Zur Angabe eines Ortes, unter dem sich eine Handlung abspielt oder unter dem sich etwas (jemand) befindet (so daß man mit „wo“ fragen kann): Па́мятка у меня́ здесь **под стекло́м.**

78 **с mit Genitiv**

1. Zur Angabe eines Ortes, von dem herunter sich etwas (jemand) bewegt, als Partner zu на, auch wenn на nicht die Bedeutung „auf“ hat (→ S. 189): Но я то́лько что сошёл **с э́того трамва́я**!
2. Zur Angabe eines Zeitpunkts, von dem an eine Handlung stattfindet oder ein Zustand besteht: Я хочу́ взять о́тпуск **с деся́того а́вгуста.**

79 **с mit Instrumental**

Zum Ausdruck der Gemeinsamkeit, der Zusammengehörigkeit: Вам **с чем** бифште́кс? **С карто́фелем** и́ли **с ри́сом**? Я был в кафе́ **с Со́ней.**

80 **че́рез mit Akkusativ**

1. Zur Angabe eines Ortes, durch den man bei einer Fahrt kommt: Петро́вы летя́т в Москву́ **че́рез Омск.**
2. Zur Angabe eines Ortes, den jemand (etwas) durchquert: Есть да́же иностра́нные тури́сты, кото́рые е́дут на по́езде с за́пада **че́рез весь Сове́тский Сою́з** до Ти́хого океа́на.
3. Zur Angabe eines Zeitraums, nach Ablauf dessen etwas geschieht oder ein Zustand besteht: **Че́рез час** звоно́к. Официа́нт ушёл и **че́рез мину́ту** принёс меню́.

ZAHLWÖRTER

81 **Grundzahl оди́н (eins)**

	m	s	w	Mz
N	оди́н	одно́	одна́	одни́
G	одного́		одно́й	—
D	—		—	одни́м
A	оди́н [1]	одно́	одну́	одни́ [2]
I	одни́м		одно́й	—
P	одно́м		одно́й	одни́х
	Ez			

[1] Belebte Variante: одного́

[2] Nur unbelebte

82 Ordnungszahl **пе́рвый** (der erste)

N	пе́рвый	пе́рвое	пе́рвая	пе́рвые
G	пе́рвого		пе́рвой	—
D	—		—	пе́рвым
A	пе́рвый [1]	пе́рвое	пе́рвую	пе́рвые [2]
I	пе́рвым		пе́рвой	—
P	пе́рвом		пе́рвой	пе́рвых
	m	*s*	*w*	*Mz*
	Ez			

[1] Belebte Variante: пе́рвого
[2] Nur unbelebte

2—100

83

Grundzahlen		Ordnungszahlen
2	два (*m*, *s*) две (*w*)	второ́й, -а́я
3	три	тре́тий [1], ья, -ье, ьи
4	четы́ре	четвёртый, -ая
5	пять	пя́тый, -ая
6	шесть	шесто́й, -а́я
7	семь	седьмо́й, -а́я
8	во́семь	восьмо́й, -а́я
9	де́вять	девя́тый, -ая
10	де́сять	деся́тый, -ая
11	оди́ннадцать	оди́ннадцатый, -ая
12	двена́дцать	двена́дцатый, -ая
13	трина́дцать	трина́дцатый, -ая
14	четы́рнадцать	четы́рнадцатый, -ая
15	пятна́дцать	пятна́дцатый, -ая
16	шестна́дцать	шестна́дцатый, -ая
17	семна́дцать	семна́дцатый, -ая
18	восемна́дцать	восемна́дцатый, -ая
19	девятна́дцать	девятна́дцатый, -ая
20	два́дцать	двадца́тый, -ая
21	два́дцать оди́н/одна́/одно́	два́дцать пе́рвый, -ая
22	два́дцать два/две	два́дцать второ́й, -а́я
23	два́дцать три	два́дцать тре́тий, -ья
30	три́дцать	тридца́тый, -ая
40	со́рок	сороково́й, -а́я
50	пятьдеся́т	пятидеся́тый, -ая

60	шестьдеся́т	шестидеся́тый, -ая
70	се́мьдесят	семидеся́тый, -ая
80	во́семьдесят	восьмидеся́тый, -ая
90	девяно́сто	девяно́стый, -ая
100	сто	со́тый, -ая

[1] *G Ez*: тре́тьего: тре́тьего ма́я (am 3. Mai)

во-пе́рвых, во-вторы́х, в-тре́тьих = erstens, zweitens, drittens

84 KONJUNKTIONEN

1. Nebenordnende: а, и, и́ли, но
2. Unterordnende: где, е́сли, когда́, потому́ что, пре́жде чем, что, что́бы

85 FRAGEWÖRTER

в кото́ром часу́	как до́лго	куда́	что за
в кото́рый раз	како́й	отку́да	
где	како́го числа́	почему́	
для чего́	когда́	ско́лько	
за ско́лько вре́мени	кото́рый час	чей, чья	
как	кто	что	

86 ZEITANGABEN

В кото́ром часу́? — В шесть (семь, во́семь) часо́в.
Кото́рый час? — Пять часо́в (шесть часо́в ве́чера, утра́, час но́чи, дня).
В како́й день неде́ли? — В понеде́льник (во вто́рник, в сре́ду).
Како́й сего́дня день? — Сего́дня четве́рг (пя́тница, воскресе́нье).
Како́го числа́ бу́дет совеща́ние? — Пя́того апре́ля (деся́того ма́рта).
Како́е сего́дня число́? — Сего́дня двадца́тое ма́рта (тре́тье апре́ля).
Ваш день рожде́ния? (Ва́ша да́та рожде́ния?) — Восьмо́е ию́ня три́дцать восьмо́го го́да.
В како́м ме́сяце? — В а́вгусте.
В како́м году́? — В э́том году́. В со́рок шесто́м году́.
Как до́лго вы лете́ли? — Семь часо́в (Весь день. Всё у́тро. Всю ночь.).
За ско́лько вре́мени вы прилете́ли? — За семь часо́в.
Когда́ вы прие́хали? — Неде́лю (ме́сяц) наза́д.
Когда́ вы уе́дете? — Че́рез неде́лю (ме́сяц).
На ско́лько (вре́мени) вы уе́дете? — Я уе́ду на неде́лю.

Сегóдня (вчерá, зáвтра) ýтром (вéчером, днём, нóчью).
Рáно (пóздно) ýтром (вéчером).
Скóлько мéсяцев вы студéнт? — Ужé два мéсяца, как я студéнт.
В начáле (концé, середи́не) недéли (мéсяца, февраля́, лéта, óсени, гóда).
В какóе врéмя гóда? — Лéтом (веснóй, óсенью, зимóй).
Ýтром (днём, вéчером, нóчью, до обéда, пóсле обéда).
В свобóдное (послéднее) врéмя.
В котóрый раз? — В пéрвый (четвёртый, пя́тый) раз.
Скóлько раз в час (в день, в недéлю . . .)? — Три рáза в час (в день, в недéлю, в мéсяц, в год). — Кáждый день (кáждую недéлю, кáждый мéсяц . . .).
Когдá нáдо записáться? — За недéлю (за час, за день, за четы́ре мéсяца) рáньше.

VERBEN

Die Gegenwart (= die Zukunft der vollendeten Verben)

Verben auf — е —

87

GRUNDMUSTER Stamm endet auf einen Vokal		VARIANTEN . . . auf einen Konsonanten stammbetont	 endbetont
я	рабóтаю	приéду	идý
ты	рабóтаешь	приéдешь	идёшь
он, онá, (онó)	рабóтает	приéдет	идёт
мы	рабóтаем	приéдем	идём
вы	рабóтаете	приéдете	идёте
они́	рабóтают	приéдут	идýт

Verben auf — и —

88

GRUNDMUSTER		VARIANTEN		
я	посмотрю́	получý [1]	ви́жу [2]	привожý [2]
ты	посмóтришь		ви́дишь	привóзишь
он, онá, (онó)	посмóтрит			
мы	посмóтрим			
вы	посмóтрите			
они́	посмóтрят	полýчат [1]		

[1] Endet der Stamm auf ж, ч, ш, щ, dann steht statt ю ein у und statt я ein а. (→ S. 169)
[2] Im Endkonsonanten des Verbstamms treten in der ich-Form folgende Veränderungen ein:

89

Konsonanten-wechsel	Infinitiv	1. Pers. Ez	Weitere Formen
д — ж	ви́деть	— я ви́**жу**	— (ты ви́**д**ишь)
з — ж	привози́ть	— я приво**жу́**	— (ты приво́**з**ишь)
с — ш	спроси́ть	— я спро**шу́**	— (ты спро́**с**ишь)
ст — щ	опу**сти́**ть	— я опу**щу́**	— (ты опу́**ст**ишь)
т — ч	встре́тить	— я встре́**ч**у	— (ты встре́**т**ишь)
т — щ	посети́ть	— я посе**щу́**	— (ты посети́шь)
б — бл	лю**би́**ть	— я лю**блю́**	— (ты лю́**б**ишь)
в — вл	гото́**в**ить	— я гото́**вл**ю	— (ты гото́**в**ишь)
м — мл	знако́**м**ить	— я знако́**мл**ю	— (ты знако́**м**ишь)
п — пл	ку**пи́**ть	— я ку**плю́**	— (ты ку́**п**ишь)

Rückbezügliche Verben

90

Infinitiv:	обраща́ться	гото́виться
я	обраща́юсь	гото́влюсь
ты	обраща́ешься	гото́вишься
он, она́, оно́	обраща́ется	гото́вится
мы	обраща́емся	гото́вимся
вы	обраща́етесь	гото́витесь
они́	обраща́ются	гото́вятся

Verbformen und Stämme

91 Ein einziger Stamm

Infinitiv	рабо́та — ть	принес — ти́
Vergangenheit	я рабо́та — л	я принес — ла́
Gegenwart bzw. Zukunft	я рабо́та — ю	я принес — у́
Inperativ	Рабо́та — й(те).	Принес — и́(те).

92 Zwei Stämme

Viele Verben haben zwei Stämme: einen für die Gegenwart (bei unvollendeten Verben) bzw. die Zukunft (bei vollendeten Verben) und den Imperativ und einen anderen für den Infinitiv und die Vergangenheit.

Infinitiv	писа́ — ть	взя — ть
Vergangenheit	я писа́ — л	я взя — ла́
Gegenwart bzw. Zukunft	я пиш — у́	я возьм — у́
Imperativ	Пиш — и́(те).	Возьм — и́(те).

93 Die Verben auf -и- haben im Stamm für den Infinitiv und die Vergangenheit grundsätzlich einen Vokal mehr als im Stamm für die Gegenwart bzw. Zukunft und den Imperativ.

Inf.	посмотре́ — ть	крича́ — ть
Verg.	Она́ посмотре́ — ла	Она́ крича́ — ла
Geg. bzw. Zuk.	Она́ посмо́тр — ит	Она́ крич — и́т
Imperativ	Посмотр — и́(те).	Не крич — и́(те).
Inf.	гото́ви — ть	боя́ — ться
Verg.	Она́ гото́ви — ла	Она́ боя́ — лась
Geg. bzw. Zuk.	Она́ гото́в — ит	Она́ бо — и́тся
Imperativ	Гото́в — ь(те).	Не бо́ — йся(бо́йтесь).

94 **Betonung der Verben in der Gegenwart und in der Zukunft der vollendeten Verben**

Bei Betonungsänderungen unterscheidet sich jeweils die ich-Form von den übrigen Formen. Die Betonung der anderen Formen ist gleichbleibend.

я схож**у́**, ты сх**о́**дишь я смотр**ю́**, ты см**о́**тришь я пиш**у́**, ты п**и́**шешь

Imperativ

95 **-й, -йте**

Diese Endung wird benutzt bei Stämmen, die auf einen Vokal enden.

Прошу́ тебя́ рабо́тать. Рабо́та**й**, пожа́луйста.
Прошу́ вас рабо́тать. Рабо́та**йте**, пожа́луйста.
Не бо́**йся**. Не бо́**йтесь**.

96 **-и, -ите**

Diese Endung wird benutzt bei Stämmen, die auf einen Konsonanten enden. Wenigstens die ich-Form muß endbetont sein.

я скажу́, ты ска́жешь, он ска́жет	Скаж**и́**(те).
я жду, ты ждёшь, она́ ждёт	Жд**и́**(те).
я обращу́сь, ты обрати́шься, . . .	Обрат**и́сь** (Обрат**и́тесь**) . . .

97 **-ь, -ьте**

Diese Endung wird benutzt bei Stämmen, die auf einen Konsonanten enden. Alle Formen der Gegenwart bzw. Zukunft der vollendeten Verben sind stammbetont.

я готóвлю, ты готóвишь, он готóвит	Готó**вь(те)** . . .
Я остáнусь, ты остáнешься, . . .	Остáн**ься** (остáн**ьтесь**).

Ausnahme: Wenn der Stamm auf einen Konsonanten endet und alle Formen der Gegenwart-Zukunft stammbetont sind, der Stamm aber auf **zwei** Konsonanten endet, haben wir -и, -ите:

я запóлню, ты запóлнишь, он запóлнит	Запó**лни(те)** . . .

98 Folgende Verben, die alle den Teil **-ава-** haben, bilden den Imperativ nicht vom Stamm der Gegenwart-Zukunft, sondern vom Stamm des Infinitivs und der Vergangenheit:

вставáть я встаю, ты встаёшь Вс**тавáй(те)** . . .
доставáть, оставáться, сдавáть, узнавáть, давáть, задавáть, продавáть, создавáть, уставáть

99 **Verben mit unregelmäßigen Imperativformen**

быть	—	бýдь(те)	поéхать	—	поезжáй(те)	пить	—	пéй(те)
есть	—	éшь(те)	помóчь	—	помоги́(тс)			

Vergangenheit

Die Endungen unterscheiden sich nur nach Geschlecht und Zahl.

100 **Der Stamm endet auf einen Vokal**

Я Ты работа — л. Он	Я Ты работа — ла. Онá	Мы Вы работа — ли. Они́
Онó стоя́ — ло.		

101 Der Stamm endet auf einen Konsonanten

Я Ты принёс . . . Он	Я Ты принесла́ . . . Она́	Мы Вы принесли́ . . . Они́
вы́рос, вы́росла, вы́росло, вы́росли привёз, привезла́, привезло́, привезли́		

102 Die Vergangenheit der rückbezüglichen Verben

Я Ты обрати́лся Он	Я Ты обрати́лась Она́	Мы Вы обрати́лись Они́
Каза́лось, что . . .		

Infinitiv

103

Unbetont	Betont
рабо́та — **ть**	привез — **ти́**
смотре́ — **ть**	прий — **ти́**
клас — **ть**	
боя́ — **ться**	

Aspekte

104 Formale Unterscheidungsmerkmale der Aspekte

Ohne Vorsilbe	гото́вить	пригото́вить	mit Vorsilbe
Mit Suffix (Nachsilbe) -ыва-	спра́шивать	спроси́ть	Ohne -ыва-
Verb auf -e-	обраща́ться	обрати́ться	Verb auf -и-
Zwei verschiedene Verben	говори́ть	сказа́ть	
Ohne Suffix -ну-	отдыха́ть	отдохну́ть	mit -ну-
unvo.		*vo.*	

105 Aspekte und Zeiten

Vergangenheit		Gegenwart	Zukunft	
unvo.	*vo.*	*nur unvo.*	*unvo.*	*vo.*
она́ гото́вила	пригото́вила	гото́вит	бу́дет гото́вить	пригото́вит
спра́шивала	спроси́ла	спра́шивает	бу́дет спра́шивать	спро́сит
говори́ла	сказа́ла	говори́т	бу́дет говори́ть	ска́жет
отдыха́ла	отдохну́ла	отдыха́ет	бу́дет отдыха́ть	отдохнёт
обраща́лась	обрати́лась	обраща́ется	бу́дет обраща́ться	обрати́тся

Anwendung der Aspekte

Vollendeter Aspekt

106 Einmalige, abgeschlossene Handlungen, z. B. aufeinanderfolgende Handlungen

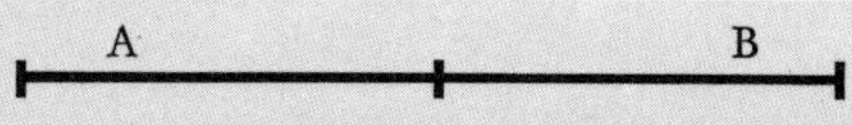

Verg.	Когда́ они́ **дошли́** до шко́лы, Васи́лий **сказа́л**: «Вот и шко́ла».
Zuk.	Когда́ я **прочита́ю** кни́гу, я **дам** тебе́ кни́гу.

Verg.	Я **купи́л** телеви́зор.	Я **куплю́** сего́дня оде́жду.	Zuk.

Unvollendeter Aspekt

107 Angefangene, nicht zu Ende geführte Handlungen

Де́душка на́чал **достава́ть** проду́кты из су́мки.

108 Während die eine Handlung noch nicht beendet ist, läuft die andere von Anfang bis Ende ab.

Verg.	Когда́ Оле́г **шёл** по у́лице, он вдруг уви́дел Васи́лия.
Zuk.	Когда́ я **бу́ду иото́виться** к экза́менам, наве́рное, зайдёт Ве́ра.

109 Handlung und Zustände in der Gegenwart

Де́вочка у нас **хо́дит** ещё в де́тский сад.

110 Zwei Handlungen laufen parallel, von ihrer Beendigung ist nicht die Rede.

Verg.	Оле́г и Васи́лий **шли** по у́лице и **разгова́ривали.**
Zuk.	Бори́с и Ива́н **бу́дут гото́вить** борщ и **разгова́ривать.**

111 Von der Handlung wird nur gesagt, daß sie erfolgte (erfolgen wird). Von ihrer Vollendung wird nichts gesagt (bei transitiven Verben z. B. kein Objekt).

Verg.	Я **игра́л** в волейбо́л. Я **чита́л.** Я **пе́ла.**
Zuk.	Я **бу́ду игра́ть** в волейбо́л. Я **бу́ду чита́ть.** Я **бу́ду петь.**

112 Die Nichtausführung soll herausgestellt werden.

Когда́ же ты успе́л купи́ть мя́со? — Я **не покупа́л.**

113 Nach не на́до

Я хочу́ спроси́ть дире́ктора. — **Не на́до спра́шивать** дире́ктора.

114 Die Handlung wird mehrfach ausgeführt.

Verg.	Он всегда́ **надева́л** се́рые га́лстуки.
Zuk.	Я **бу́ду приходи́ть** к вам ещё ча́сто. Я **бо́льше не бу́ду** э́то **де́лать.**

Verbgruppen

115 Wurzel -ехать, zwei Stämme: **-е́ха-**л und **-е́д-**у
е́хать, дое́хать, пое́хать, прие́хать, прое́хать, уе́хать

116 Zwei Stämme: **жи-**ть, **плы-**ть, **жив-**у́, **плыв-**у́
жить, плыть

117 Wurzel -дать: mehrere Besonderheiten (s. Liste der Verben im Lehrbuch)
дать, зада́ть, прода́ть, сдать, созда́ть

118 Suffix -ава, zwei Stämme: **-ава-** und **-а-**: **встава́-**л, **вста-**ю
встава́ть, дава́ть, достава́ть, задава́ть, остава́тся, продава́ть, сдава́ть, создава́ть, узнава́ть, устава́ть

119 Zwei Stämme: **-а-** und **-ан-**, **-е-** und **-ен-**: Я **вста-**л und **вста́н-**у
встать, доста́ть, наде́ть, оста́ться, уста́ть

120 Wurzel -идти: mehrere Besonderheiten (s. Liste der Verben im Lehrbuch)
идти́, вы́йти, дойти́, зайти́, найти́, подойти́, пойти́, прийти́, пройти́, сойти́, уйти́

121 Wurzel -ходи́ть
ходи́ть, выходи́ть, доходи́ть, заходи́ть, находи́ть, подходи́ть, приходи́ть, проходи́ть, сходи́ть, уходи́ть

122 Wurzel -брать: zwei Stämme: **-бра-**л und **-бер-**у́
брать, вы́брать, собра́ться, убра́ть

123 Wurzel -каза́ть: zwei Stämme: **-каза́-**л und **-каж-**у́
заказа́ть, каза́ться, показа́ть, рассказа́ть, сказа́ть

124 Wurzel -ня-ть: zwei Stämme: **-ня-**л und **-йм-у́** (-м-у́)
заня́ться, поня́ть, приня́ть

125 Suffix -ова-ть: zwei Stämme: **-ова-**л und **-у-**ю
(за)коспекти́ровать, (об)ра́довать, (по)тре́бовать, (по)чу́вствовать

126 Wurzel -крыть: zwei Stämme: **-кры-**л und **-кро́-**ю
закры́ть, накры́ть, откры́ть

127 Wurzel -крыва́ть
закрыва́ть, накрыва́ть, открыва́ть

128 Wurzel -езжать
доежа́ть, приезжа́ть, проезжа́ть, уезжа́ть

129 **haben**

	Ja	Nein
Geg.	У меня́ есть биле́т.	У Со́ни нет биле́та.
Verg.	У меня́ был биле́т.	У Со́ни не́ было биле́та.
Zuk.	У меня́ бу́дет биле́т.	У Со́ни не бу́дет биле́та.